DEVENEZ MENTALISTE

Bastien Bricout

Devenez mentaliste

Des méthodes à la portée de tous pour éveiller vos capacités cachées et changer votre vie

Illustrations
Camille Baudouin

J'ai lu

Collection dirigée par Ahmed Djouder

Je dédie ce livre à mes parents
que j'aime d'un amour éternel.

Sommaire

Le mot de l'éditeur

Vous avez probablement entendu parler de Bastien par *Secret Story*, une célèbre émission de téléréalité diffusée sur TF1 où des candidats, coupés du monde extérieur, doivent garder un secret tout en essayant de découvrir celui des autres participants. Le secret de Bastien était : « Je suis mentaliste. » Un terme qui a laissé beaucoup d'entre nous perplexes et parfois sceptiques.

Au cours de l'émission, Bastien a eu l'occasion de faire entrevoir quelques aspects du mentalisme : un sens de l'observation et une intuition aiguisés. Ces qualités lui ont permis de parvenir en finale en ayant découvert le plus grand nombre de secrets et d'énigmes.

À sa sortie de *Secret Story*, Bastien a accordé quelques interviews aux médias et a donné une définition du mentalisme. « Le mentalisme, c'est être soi-même *en mieux* grâce à des techniques mentales et un travail sur soi : on devient plus confiant, plus observateur, plus serein, plus intuitif... » Le mentaliste s'est exprimé avec simplicité, conviction et humilité. Ce sont les raisons pour lesquelles, en tant qu'éditeur, nous avons souhaité le rencontrer.

Lors de notre première entrevue, il n'a pas fallu longtemps à Bastien pour nous transporter, avec aisance et brio, dans l'univers du mentalisme.

Du haut de son 1 m 81 et de ses 24 ans, Bastien est un jeune homme brillant et passionné qui connaît aussi bien l'histoire des grands courants de la psychologie que les techniques classiques d'hypnose. Lorsque nous l'avons entraîné sur le terrain glissant du débat entre psychanalyse et thérapies comportementales, il nous a surpris par son raisonnement argumenté et l'étendue de ses connaissances.

Bastien n'est pas un débutant dans le domaine de l'hypnose et du mentalisme. Il s'exerce depuis qu'il est tout petit (vous le découvrirez dans les anecdotes de son avant-propos). Formé dans la plus grande école d'Europe d'hypnose, de PNL (programmation neurolinguistique) et de coaching, le jeune mentaliste est un véritable expert qui ne cesse jamais de se documenter et de se perfectionner. Depuis qu'il est diplômé, il a aidé de nombreuses personnes à se libérer de symptômes aussi désagréables que les allergies, les phobies, les troubles du sommeil ou le stress, etc. La déontologie dans l'exercice de sa profession lui importe ; il met un point d'honneur à respecter la confidentialité de ses patients et fait preuve d'une éthique élevée dans ce qu'il entreprend.

Dès lors, il nous est apparu évident que Bastien avait non seulement des choses à dire et une légitimité pour cela, mais aussi qu'il était important de faire découvrir au public l'étendue des applications du mentalisme.

Une fois le projet de livre défini et le contrat signé, Bastien s'est attelé immédiatement à la tâche. Parallèlement à l'écriture de *Devenez mentaliste*, il a mené de front d'autres projets importants : la création de son site Internet, *mentalactif.com*, l'ouverture d'un nouveau cabinet de consultation d'hypnothérapie, le suivi de ses patients, la création d'une entreprise, le développement de vidéos, des déplacements professionnels aux quatre coins de la France et de la Belgique, etc.

Nous nous sommes souvent demandé comment il faisait pour gérer toutes ces activités et les mener à bien avec tant de calme, d'efficacité et de bonne humeur. La recette est dans ce livre : Bastien applique les méthodes qu'il enseigne. Il sait programmer son cerveau pour atteindre les objectifs qu'il s'est fixés. Et puis, sportif dans l'âme, le jeune homme aime l'action. Il se donne les moyens de sa réussite. Discipliné, il nous a remis son manuscrit dans les délais, ce qui est assez rare pour une majorité d'auteurs, qui plus est lorsqu'on a à peine 24 ans.

Vous avez entre les mains *Devenez mentaliste*, un guide clair et accessible à tous dans lequel Bastien a mis toute sa passion. Il y livre les techniques et secrets qui ont fait de lui un mentaliste humaniste talentueux et épanoui. *Devenez mentaliste* vous initiera à ce que ni l'école ni la société ne nous apportent : une connaissance de soi et des autres, ainsi que les moyens d'accéder à nos ressources intérieures.

Que vous souhaitiez contrôler vos émotions, décrypter les comportements des autres, arrêter de fumer, perdre du poids ou améliorer votre estime de soi, vous trouverez dans *Devenez mentaliste* des méthodes issues de la PNL et de l'hypnose qui vous accompagneront au quotidien et vous aideront à surmonter vos difficultés.

Préface

Bastien Bricout se propose d'être votre guide pour vos premiers pas de mentaliste. Vous allez comprendre qu'il ne s'agit pas d'apprendre quelques tours pour faire croire à des « dons » de télépathie ou de précognition pour amuser les copains pendant les dîners.

Bastien Bricout croit en un mentalisme *humaniste* : une manière simple et naturelle d'éveiller vos sens, de prendre conscience de *ce que vous êtes* autant que de tous ceux qui vous entourent, afin de vivre pleinement et heureux.

Vous apprendrez à profiter de chaque parcelle de l'existence, décrassée des mauvaises habitudes et des routines de l'esprit. Et chaque page tournée, lorsque vous l'aurez mise en pratique, vous procurera davantage de plaisir de vivre. La vie deviendra magique !

Lorsque vous comprendrez mieux ce qui anime chaque personne ici-bas, vous saisirez également ce qui fait de chaque personne ce qu'elle est. Et vous savez ce qui arrive lorsque l'on connaît aussi bien une personne ? On se met à l'apprécier. On pourrait même dire : à l'aimer.

Et qu'arrive-t-il lorsque vous aimez les gens ? Ils vous aiment aussi : de parfaits inconnus vous souriront dans la rue, vous réussirez plus facilement dans vos entreprises, qu'elles soient personnelles ou professionnelles. Et, surtout, la vie sera belle et agréable.

Avant la fin du livre, Bastien Bricout vous aura également appris à attirer à vous les « heureux hasards » qui vous faciliteront l'existence. Les portes s'ouvriront pour vous là où elles seraient restées closes pour d'autres.

Et voilà en quoi ce mentalisme est *humaniste*. Car en étant heureux et en le montrant, vous rendrez votre bonheur contagieux et il se répandra sur chaque personne que vous croiserez. Simple expérience : lisez ou écoutez quelques bonnes blagues et sortez aussitôt dans la rue, le sourire aux lèvres. Vous, vous savez pourquoi vous souriez. Cela n'a pourtant rien à voir avec les gens que vous croisez, n'est-ce pas ? Mais ils vous sourient... et les gens qu'ils croisent à leur tour se mettent aussi à sourire, en un joyeux ricochet.

En étant vous-même heureux, vous changez le monde !

Quelle plus belle mission de vie que d'être heureux pour aider les autres à trouver leur bonheur – sans avoir rien d'autre à faire que de prendre plaisir à vivre ?

Bien sûr, pour y parvenir, vous aurez à réveiller en vous ce que la vie quotidienne avait peut-être réussi à enfouir, des choses que vous ressentez profondément et qui vous ont poussé à acheter ce livre. Vous avez fait le premier pas, le plus important. Maintenant, tout est possible... et tout ne tient qu'à vous !

Pratiquez les exercices simples que vous propose Bastien Bricout. Prenez votre temps – car si vous espérez tout réussir d'un coup, et sans entraînement, vous courez le risque de vous démotiver. Ayez confiance, en vous disant que d'autres ont réussi avant vous, qu'ils vous montrent le chemin. Qu'il est donc possible d'atteindre vos objectifs. Et en allant à votre rythme, vous arriverez toujours au but.

Gardez l'esprit fixé sur votre rêve : vivre mieux, être en bonne santé, équilibré, trouver un bon ou un meilleur travail, être un compagnon (ou une compagne) aimant(e), un(e) collègue de travail agréable ou un entrepreneur performant...

Et en même temps, soyez attentif au chemin présent. On ne gravit pas une montagne l'œil fixé sur le sommet, au risque de faire un faux pas, trébucher et tomber. Vivez donc le moment présent, sans impatience ni attente.

La vie vous amènera ainsi ses meilleures surprises, son aide et ses encouragements.

Arrivé à la fin de ce livre, vous aurez fait un grand pas dans votre existence… et là, vous prendrez conscience que ce voyage ne fait que commencer.

Certes, vous ne saurez toujours pas tordre les petites cuillères ou deviner les pensées des autres (quoique, pour les pensées !). Votre *don* sera bien plus magique : ce sera celui du bonheur, pour vous, ceux que vous aimez et tous ceux que vous croiserez.

Alors, parcourez avec attention les pages qui suivent, elles sont précieuses. Ce sont les bases, les fondations de l'édifice que vous commencez à bâtir aujourd'hui.

S'il est vrai que l'univers garde en mémoire l'œuvre des anciens et les desseins de chacun de nous, alors je fais le vœu que mes pensées vous accompagnent sur votre chemin. Suivez l'exemple de Bastien Bricout, il est un bon guide.

Olivier LOCKERT,
fondateur de l'hypnose humaniste,
auteur et enseignant international en PNL,
président de l'Institut français d'hypnose ericksonienne

Avant-propos

Ce qu'est le mentalisme et ce qu'il n'est pas

Le mot « mentalisme » a une connotation un peu magique. On imagine quelqu'un sur scène qui est capable de deviner les pensées des spectateurs ou de connaître le numéro de la plaque d'immatriculation du monsieur assis là-bas, tout au fond de la salle… Dans ce cas, il s'agit de mentalisme de spectacle.

Le mentaliste de spectacle est un homme de spectacle et un artiste avant tout, il a un « truc » lui permettant de susciter l'étonnement et l'interrogation du public. Le mentaliste de spectacle fait le show, il s'appuie sur l'incompréhension du surnaturel et sur la crainte de l'irréel pour toucher son public. Il poursuit un objectif : créer l'illusion pour divertir. Pour cela, il dispose d'un arsenal de tours, se basant par exemple sur la magie, la psychologie, les mathématiques…

Le mentaliste humaniste dont il est question dans ce livre n'est pas un mentaliste de spectacle. C'est souvent un hypnothérapeute ou un coach de vie. Il aide ses patients à trouver un équilibre physique, émotionnel et spirituel à l'aide de différentes techniques. L'hypnose, l'un des outils essentiels du mentaliste, est d'ailleurs utilisée depuis très longtemps en médecine : expérimentée par Charcot et par Freud (le père de la psychanalyse), elle est reconnue pour son efficacité sur les troubles psychologiques depuis la fin du XIXe siècle. Aujourd'hui, de plus en plus de psychologues, psychiatres et même des dentistes se forment à l'hypnose pour aider leurs patients à soulager leurs souffrances, à dépasser leurs traumas, à gérer leurs problèmes de poids ou à arrêter de fumer.

Mais le mentaliste humaniste n'est pas nécessairement thérapeute : il peut être une personne ordinaire qui a acquis au fil de son développement personnel des connaissances qui lui permettent de « booster » ses capacités naturelles : *sa confiance, son intuition, sa mémoire, sa santé, sa capacité à communiquer, à fédérer et à aider les autres*, etc. Les pouvoirs de la psyché sont immenses et le mentaliste est un acteur et chercheur dans ce domaine. Il peut exercer au quotidien ses capacités, dans la vie de tous les jours et auprès des gens qu'il côtoie. C'est ce mentaliste-là que je vous apprendrai à devenir.

J'ai voulu que ce livre soit à la fois *didactique et ludique*. Didactique car j'essaierai de vous expliquer pas à pas sur quoi se fonde le mentalisme, je tenterai d'être le plus pédagogue possible. Mais je voudrais aussi que vous passiez un bon moment : je vous raconterai des histoires personnelles avec une touche d'humour, je vous ferai pratiquer des exercices amusants... car le mentalisme se vit aussi comme un jeu !

Le mentalisme, c'est un large éventail de pratiques au quotidien. Dans les chapitres qui suivent, vous apprendrez comment fonctionnent l'esprit et votre être profond. Vous gagnerez en sérénité, développerez votre confiance et saurez mieux gérer votre stress. Vous apprendrez à contrôler votre sommeil, à gérer vos peurs et à développer votre intuition. Je vous apprendrai à communiquer efficacement avec les autres, à déjouer les manipulations au quotidien, à vous mettre en synchronisation avec autrui... et à devenir une personne meilleure, à l'aise avec les autres et armée pour réussir dans la vie !

Sachez-le : le mentalisme humaniste est un mentalisme d'auto-observation et d'empathie. Il ne s'agit pas de vous transformer en « saint » dévoué corps et âme aux autres mais de vous apprendre les bases du mentalisme humaniste. Au bout du compte, votre démarche personnelle de bien-être aura des répercussions bénéfiques sur vos proches.

Je crois que le mentalisme est accessible à tous et qu'il est simple d'apprentissage (apprenti-sage). Cet ouvrage se veut une initiation. Libre à vous d'enrichir ensuite vos aptitudes par d'autres lectures et d'autres enseignements plus poussés...

Avant d'entrer dans le vif du sujet, laissez-moi vous raconter deux anecdotes : ce sont elles qui ont fait de moi un mentaliste. Avant même d'avoir ouvert mon premier livre de PNL (programmation neurolinguistique, discipline clé du mentalisme), j'utilisais depuis l'enfance des outils de mentaliste sans le savoir : en fait, je pensais que tout le monde faisait comme moi ! Très vite, je me suis rendu compte que non : dans ma famille, j'étais le seul à me servir de mon cerveau de cette manière...

Mon cerveau est un magnétoscope !

Enfant, j'étais un garçon très discret et timide. L'idée même de devoir m'exprimer devant mes camarades de classe me terrifiait. Souvent, j'étais en retrait par rapport aux autres mais j'aimais bien les observer. Les gens qui m'entouraient et la nature sont devenus en quelque sorte mon terrain de jeu. J'adorais partir à la conquête de mon jardin à la recherche d'insectes plus étranges les uns que les autres, de feuilles d'arbres attaquées par les petites bactéries de l'automne... Les mystères de la vie me fascinaient. C'étaient des énigmes quotidiennes qu'il me fallait résoudre. Je trouvais que la nature était parfaite, tout y était à sa place et chaque chose possédait une fonction qui lui était propre. Il suffisait juste d'y prêter davantage attention. Ma timidité et mon silence sont devenus un poste idéal d'observation du monde alentour, et il exerçait sur moi une telle fascination que je ne voulais pas perdre une miette de toutes ces choses nouvelles et merveilleuses que je voyais, sentais et entendais : des couleurs, des sons, des sensations, des lieux et des personnes. Je voulais que toutes ces choses nouvelles fassent partie intégrante de mon être et qu'il me soit loisible de les retrouver et de les revivre à volonté, un peu comme si j'avais un coffre à trésor en moi dans lequel je pourrais me replonger à volonté. Je commençai donc à mémoriser à ma façon toutes mes découvertes, toutes les belles choses de la vie que je comprenais et que j'expérimentais. Sans le savoir, j'ai commencé à utiliser une technique mentale qui m'a permis d'avoir une mémoire phénoménale lorsque je le souhaitais…

Un soir, mes parents, ma petite sœur et moi revenions d'une soirée en famille. Dans la voiture, je dis à mes parents : « Moi, j'ai un magnétoscope et j'enregistre tout sur des cassettes vidéo ! » Mes parents, très amusés, me répondirent : « Ah oui ? Et comment ça marche ? » Je leur expliquai, avec les mots du garçon de 6 ans que j'étais, qu'il me suffisait d'appuyer sur un bouton imaginaire dans ma tête pour tout enregistrer. Cette simple métaphore du magnétoscope (aujourd'hui, il pourrait s'agir d'un DVD ou d'une clé USB) avait du sens : elle signifiait que j'étais en train de développer en moi des capacités de mémorisation plus élevées que la moyenne.

Résultat : vingt ans plus tard, je suis capable de restituer des centaines de souvenirs d'enfance avec une mémoire parfaite, c'est-à-dire que je peux raconter une scène avec des décors, des personnes et des conversations au mot près. D'ailleurs, pour certains souvenirs, je me rappelle même à quoi je pensais au moment précis !

Cette visualisation interne s'est développée très facilement. J'étais très jeune quand j'ai commencé à ressentir ces phénomènes de mémorisation : à cet âge, mon cerveau était en plein apprentissage donc très malléable. J'apprenais à mon cerveau à utiliser une « touche mémoire »… qui me sert encore aujourd'hui ! Quand je dois être vraiment concentré, il me suffit de me dire : « Allez hop, j'appuie sur le bouton de mon magnétoscope » et automatiquement je me mets à enregistrer la scène que je vis… ou à rembobiner dans ma tête et à visionner tout ce que j'ai expérimenté par le passé ! Notez que cette fonction de mémorisation est à la portée de tous : il suffit simplement d'entraîner son cerveau à configurer, petit à petit, votre « magnétoscope » interne. Je vous montrerai dans cet ouvrage comment vous aussi vous pouvez travailler votre mémoire en utilisant des techniques précises...

Ce bonbon est un médicament

Durant mon enfance, j'ai souvent déménagé. Mon père avait un emploi dans l'industrie automobile qui le poussait à changer régulièrement d'affectation. J'ai connu plusieurs maisons, plusieurs villes : pour un enfant, il est difficile de se faire à chaque fois de nouveaux amis à l'école. Quand ma famille a quitté la région nantaise pour s'installer en Gironde, j'étais déjà au collège : la simple idée de devoir me refaire des amis m'angoissait. Et puis il s'agissait toujours du même schéma : je redevenais le « nouveau », une personne extérieure suscitant des interrogations, voire des craintes ; bref, être au centre de l'attention provoquait chez moi un mal-être grandissant qui finissait par être très pénible. À cause de cette peur du rejet, je commençai à développer des symptômes. Dans le meilleur des cas, j'avais un mal de ventre chronique le matin avant d'aller à l'école, mais il pouvait m'arriver d'avoir aussi des nausées. Rien ne pouvait m'aider à faire passer ce mal-être. Un jour, j'eus envie d'essayer quelque chose dont j'avais l'idée et qui m'amusait...

Avant d'aller en cours, j'achetais souvent à la boulangerie de petits bonbons à la menthe forte que je suçais pendant la récréation. Un jour, je me suis mis à imaginer que le bonbon était un médicament capable de faire disparaître mon mal de ventre. L'expérience fut une réussite totale ! C'était simple : j'imaginais la menthe comme une fumée bleutée qui entrait dans mon estomac et qui chassait une fumée rouge, cause de mes maux de ventre et nausées. J'inspirais, expirais et imaginais le processus. En très peu de temps, je n'eus plus mal au ventre. J'étais parfaitement détendu et calme. Toute peur m'avait quitté, je pouvais enfin m'intégrer. Cette technique m'a servi pendant plus d'un an, chaque jour, chaque matin, à chaque fois que je ressentais les prémices d'un mal-être.

Avec le temps, et au fur et à mesure de mon parcours, j'ai compris que j'avais, de manière intuitive et naturelle, employé des méthodes très anciennes et pourtant relativement peu connues. Il m'aura fallu attendre plusieurs années pour comprendre que mon astuce est une technique très utilisée en PNL et en sophrologie : elle a aidé des milliers de gens à surpasser leur mal-être. Nous y reviendrons.

La découverte du mentalisme

Pour découvrir ce qu'est le mentalisme, il m'a fallu de nombreuses années d'étude, de développement personnel et de pratique. Même si j'utilisais depuis toujours, sans le savoir, des outils thérapeutiques et de communication, je n'avais pas encore toutes les cartes en main. Ce n'est qu'au travers de mes différentes formations et expériences que j'ai fini par comprendre que l'ensemble de mes connaissances formait un tout, une discipline à part entière : le mentalisme.

Mon parcours académique a commencé en faculté de psychologie où j'ai étudié les sciences de l'homme, puis s'est poursuivi à l'Institut français d'hypnose ericksonienne où j'ai été diplômé dans plusieurs disciplines : PNL, formes variées d'hypnose et coaching. Parallèlement à ces études, je me suis également formé au langage non verbal, la psychomorphologie, la graphologie, la gestalt, l'analyse transactionnelle et aux techniques d'intuition... J'ai mesuré à quel point certaines pratiques étaient efficaces.

Quand « magie » et mentalisme humaniste se rejoignent...

Avant de me lancer pleinement dans le mentalisme humaniste, j'ai longtemps étudié et pratiqué la « magie », qu'il s'agisse de simples tours de cartes ou encore de tours faisant appel à l'illusion et à la manipulation psychologique. Milton Erickson, père de l'hypnothérapie moderne, était si doué qu'on l'appelait *wizard* (en anglais « magicien ») : on disait de lui qu'il était un thérapeute hors du commun, un magicien ! Vous le voyez, mentalisme humaniste (thérapeutique) et mentalisme de spectacle (magique) ne sont pas toujours incompatibles. Dans cet ouvrage cependant, *je me concentrerai uniquement sur le mentalisme humaniste*. C'est pourquoi, lorsque j'emploierai le mot « mentaliste », vous devez comprendre que je parle du mentaliste qui s'est engagé dans une voie humaniste... et non du magicien de spectacle !

Le mentalisme comme humanisme

Fort de mon expérience et de mes rencontres, je me suis rendu compte que le travail que j'avais exercé sur mon mental pouvait trouver un écho chez les autres. J'ai compris que le mentalisme dépassait largement les frontières de mon propre moi et que je pouvais l'utiliser pour soutenir, appuyer, voire guérir les autres. Le mentalisme est un humanisme : acquérir un bien-être personnel permet ensuite de diffuser cette énergie positive autour de soi. C'est en changeant soi-même qu'on devient capable de changer le monde.

Aujourd'hui, je me vis comme une sorte de « catalyseur », de passeur. J'imagine que, si tout le monde jouait ce rôle, il y aurait une interaction positive et saine entre les gens. Imaginez un monde où les énergies de chacun communiqueraient de manière positive. Fini le stress, terminées ces petites incompréhensions sources de peur, de colère, et d'anxiété, au revoir l'intolérance, etc.

Qui peut devenir mentaliste ?

Tout le monde peut devenir mentaliste ! Il suffit juste de *le vouloir* et *d'apprendre*. C'est d'ailleurs là aussi que réside l'humanisme de cette discipline : elle est ouverte à tous. Le mentalisme est une pratique tolérante qui développe l'ouverture d'esprit. Même si certains ont prétendu disposer de pouvoirs surnaturels et flirter avec des forces obscures, je crois que cela n'a fait que brouiller l'image du mentalisme dans l'esprit des gens. Je pense en réalité que *tout le monde* est mentaliste en puissance ! Nous avons tous un cerveau et des sens tels que la vue, l'ouïe, l'odorat, le toucher, le goût... et même l'intuition. De ce fait, nous sommes tous identiques sur le plan biologique. C'est notre capacité à utiliser notre cerveau et nos sens, ainsi qu'à apprivoiser notre mental qui détermine si l'on est ou non mentaliste. Vous avez appris à marcher puis à courir, cela fait-il de vous des champions d'endurance et du 100 mètres ? Évidemment non ! C'est normal : en mentalisme aussi, il ne faut pas seulement avoir le matériel, il faut aussi savoir l'utiliser.

L'étude et une pratique régulière sont indispensables pour faire de vous un réel mentaliste.

Faut-il avoir un don ?

Il n'y a pas à proprement parler de « don ». Cependant, certaines personnes possèdent des dispositions naturelles pour assimiler la discipline. Elles ont, de manière instinctive, perçu et expérimenté l'essence du mentalisme. D'autres possèdent des facilités d'intégration des informations qui leur permettent de progresser très rapidement. Même si on n'a pas de « don », l'apprentissage peut vite compenser ce dernier !

Ce fameux « don », vous allez devoir vous l'approprier et le développer. Plus tard, les gens que vous rencontrerez penseront peut-être que vous avez un don, que vous êtes béni des dieux et que la magie a opéré chez vous et non chez les autres ! Heureusement, vous savez qu'il n'en est rien : votre famille et vos amis le savent aussi. Seuls les inconnus seront immédiatement sensibles à votre « pouvoir » qui créera chez eux une certaine fascination. D'ailleurs, même si vos amis et votre famille vous ont toujours connu « sans don », cela ne les empêchera pas d'être étonnés par vos nouvelles capacités. L'empathie et l'efficacité que vous allez développer raviront certainement vos amis, vos collègues, votre conjoint... pour qui vous deviendrez très vite un réel soutien psychologique. Préparez-vous à devenir le confident sur on peut compter et l'épaule sur laquelle s'appuyer. N'est-ce pas là ce que vous recherchez ?

Durant votre apprentissage, prenez le temps qu'il faut. Ne vous inquiétez pas si vous avez l'impression d'avancer lentement. Regardez les gens dans la rue : est-ce vraiment important de savoir qui a appris à marcher à 6, 10 ou 13 mois ? Non, bien sûr ! Tous marchent désormais de la même manière, tous maîtrisent l'art de marcher au même degré. Avec le mentalisme, c'est pareil : ce qui compte n'est pas le don inné ni la rapidité d'apprentissage, mais la capacité à maîtriser pleinement les techniques.

Quels sont les outils du mentaliste ?

Le mentaliste utilise une boîte à outils qui lui permettent d'être le plus efficace possible en toute situation. Je vous les enseignerai en détail tout au long de ce livre ; en attendant, en voici un résumé :

La programmation neurolinguistique ou PNL est l'outil de base permettant une communication efficace et ciblée. Les techniques de la PNL alimentent fortement la démarche du mentaliste, vous verrez !

Ensuite, *l'hypnose et l'autohypnose*, très utilisées en thérapie ou en développement personnel pour supprimer allergies, phobies, compulsions et autres addictions, sont des outils très performants.

En troisième lieu, l'étude du « non-verbal » aide à comprendre le dialogue inconscient d'une personne. Il permet d'adapter sa communication en fonction de la gestuelle de l'interlocuteur.

L'intuition, qui permet de « sentir » les choses, apporte également une aide appréciable au mentaliste. Ne vous êtes-vous jamais dit : « Je ne sais pas, mais je ne le sens pas ce coup-là ! » ou encore : « J'ai un mauvais pressentiment » ? Ce sont les signes d'une intuition éveillée. Je vous apprendrai à écouter votre instinct et à suivre ses injonctions souvent pertinentes.

Petit à petit, vous verrez : votre inconscient deviendra le maître des lieux et vous guidera de façon à atteindre les objectifs que vous vous êtes fixés.

Mais voyons d'abord à quoi ressemble votre esprit !

I

À la découverte du cerveau et de l'esprit

1. Le cerveau

Le cerveau m'a toujours fasciné. Il est l'organe le plus mystérieux et le plus complexe du corps humain. Nous sommes allés sur la Lune et nous avons décrypté le génome humain. Cependant, notre cerveau reste toujours en partie une énigme. Avant de m'intéresser à ces fonctions psychologiques du cerveau qui ont une grande importance en mentalisme, je voudrais d'abord que vous le connaissiez un peu mieux...

Notre cerveau travaille un peu comme un ordinateur. Il est constitué de milliards de neurones qui activent toutes sortes de « logiciels » (langage, sensations, mémoire, etc.). Vous savez que les ordinateurs utilisent un code binaire : 0 et 1. Eh bien, le cerveau fonctionne un peu de la même manière : les neurones émettent des influx positifs ou négatifs. En réalité, c'est plus compliqué que ça... Les recherches récentes en biologie ont montré que le cerveau n'est pas programmé d'avance selon une logique mathématique invariante. D'après le célèbre mathématicien britannique Roger Penrose, il fonctionnerait plutôt selon la logique « quantique », où le hasard joue un grand rôle : chaque cellule du cerveau demeurerait globalement « indéterminée » en termes d'influx positifs ou négatifs, rendant le fonctionnement des neurones plus aléatoire et libre qu'on ne le croit... Aujourd'hui, on estime que les neurones ne se contentent plus de dire « oui » ou « non » comme un ordinateur : des milliers de signaux distincts sont possibles entre eux, au travers des divers neurotransmetteurs qu'on n'a pas encore fini de cartographier ! Vous le voyez, la comparaison avec l'ordinateur s'arrête là : notre cerveau est beaucoup plus intéressant qu'une machine...

Visuellement, il a la forme d'une (très) grosse noix. Le cerveau a la capacité de créer la plus belle symphonie comme le pire des crimes. Principal organe du système nerveux, son rôle est essentiel : il régule tous les organes du corps (cœur, estomac, foie, etc.). Il gère la mobilité, les muscles ainsi que les fonctions cognitives (mémoire et conscience). Le cerveau capte et émet des stimuli en permanence : c'est ce mouvement de capteur / récepteur qui nous permet de bouger, de ressentir (par exemple le chaud et le froid), de penser...

Pour traiter toutes les informations qu'il perçoit, le cerveau active certaines zones spécifiques. Il est doté de logiciels performants, chacun dans son domaine. Par ailleurs, cet ordinateur actif en nous est l'organe qui consomme le plus d'énergie (de calories) : il ne cesse jamais de travailler... même la nuit bien sûr, pendant que nous rêvons !

Le cerveau traite les informations transmises par nos sept sens (et non pas cinq comme on le pense communément !). Ces sens sont essentiels à notre survie et à notre développement. Ils sont à la base de notre perception du monde. Sans eux, notre existence serait impossible : impossible de se mouvoir, de reconnaître, d'appréhender les choses tant physiques qu'intellectuelles...

NOS SENS SONT :

– l'ouïe, ce que j'entends (organe principal : l'oreille) ;

– la vue, ce que je vois (organe principal : l'œil) ;

– le toucher, ce que je touche (organe principal : la peau) ;

– le goût, ce que je savoure (organe principal : la langue) ;

– l'odorat, ce que je sens (organe principal : le nez) ;

– l'orientation spatiale, comment je perçois l'espace (organe : l'oreille interne) ;

et enfin...

– la proprioception, le sens qui nous indique la position de nos membres, même les yeux fermés ! (organe : l'ensemble du corps !).

Certains spécialistes prêtent à l'homme d'autres sens comme la *nociception* (la perception de la douleur) ou encore la *thermoception* (la perception de la chaleur).

À votre avis, combien avons-nous de cellules nerveuses ?

En fait, on ne peut pas répondre à cette question de manière très précise... mais sachez que nous en possédons environ *100 milliards* !

Retenez à présent que notre cerveau est composé de trois niveaux principaux :

- le cerveau reptilien : le siège de l'instinct ;
- le cerveau limbique : le siège des émotions ;
- le néocortex : le siège de la réflexion.

Le cerveau reptilien

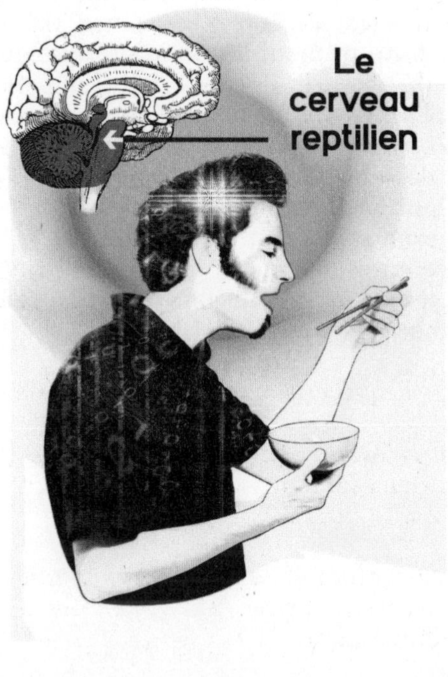

Le cerveau reptilien est le plus ancien d'entre tous, le plus archaïque ! C'est le « premier cerveau ». Comme son nom l'indique, il nous rapproche des reptiles (crocodiles, serpents...) qui sont une très ancienne forme de vie.

Le cerveau reptilien assure *nos fonctions vitales* : il contrôle notre fréquence cardiaque, notre respiration, notre température corporelle, notre équilibre... Bien enfoui sous la boîte crânienne, il est celui qui résiste le mieux à un traumatisme. Situé juste au-dessus de la colonne vertébrale, on peut le décomposer en deux éléments distincts : *le tronc cérébral (qui prolonge la moelle épinière) et le cervelet.*

Par ailleurs, le cerveau reptilien gère les comportements de *survie* : respirer, boire, manger, dormir, assurer la sécurité (agressivité) et la pérennité de l'espèce (reproduction).

Voici à présent un exemple où le cerveau reptilien est activé. Vous êtes au volant de votre voiture, dans le garage de votre immeuble. Soudain, quelqu'un se gare pile sur votre place de parking. Vous vous écriez : « Espèce de con ! Tu vas dégager de là et me rendre ma place ! » Votre cerveau reptilien vient de s'exprimer de manière éloquente...

D'autre part, le cerveau reptilien adore la routine, il aime que tout soit « comme d'habitude ». L'odorat est un sens très connecté au cerveau reptilien (vous le savez, les animaux ont un odorat très développé, c'est un sens archaïque et animal).

Le cerveau limbique

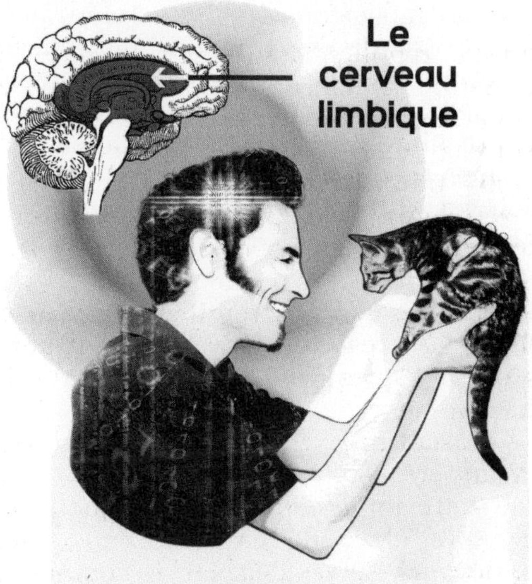

Le cerveau limbique, situé un peu plus haut que le cerveau reptilien, gère *les émotions et la mémoire*. C'est le « deuxième cerveau ». Il mémorise les comportements agréables et désagréables. Comme le cerveau reptilien, il ne s'exprime pas verbalement. Cependant il peut exciter le néocortex qui s'exprimera à sa place (nous étudierons le néocortex dans un troisième temps).

Le cerveau limbique gère aussi notre capacité d'adaptation sociale, notre empathie, nos croyances et nos convictions. C'est en lui que naissent la motivation, le sentiment d'échec ainsi que nos plaisirs ou déplaisirs.

Le cerveau limbique peut bloquer des informations par sécurité afin de ne pas les transmettre au néocortex : il « enregistre » notre vécu quel qu'il soit... mais peut différer ou « refouler » sa transmission pour empêcher la réflexion...

EXEMPLE :

Lorsque vous faites la vaisselle, votre cerveau limbique a appris à laver les assiettes et autres ustensiles de cuisine. Vous ne réfléchissez pas... et heureusement ! Vous n'avez pas à vous demander dans quel sens il faut nettoyer, s'il faut utiliser le bac de droite plutôt que celui de gauche pour faire tremper, s'il faut mettre un peu ou beaucoup de liquide vaisselle, etc. Les choses se font « automatiquement », elles sont le fruit d'une acquisition antérieure.

En revanche, si vous vous mettez à réfléchir et que vous vous demandez : « Est-ce que c'est vraiment utile de faire la vaisselle ? », c'est le néocortex qui est activé !

Le néocortex

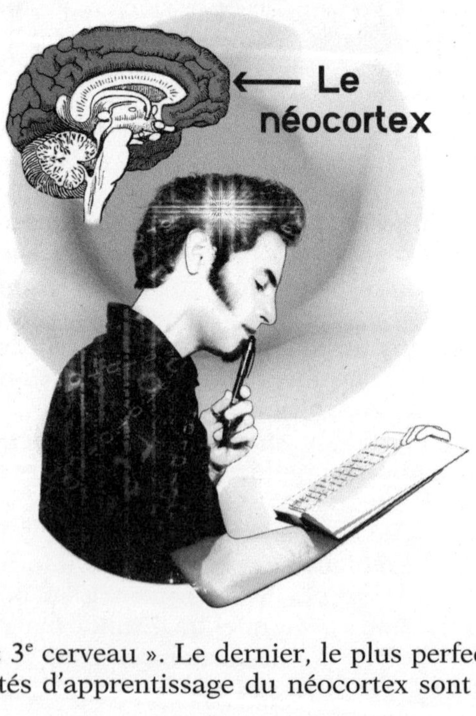

C'est le « 3e cerveau ». Le dernier, le plus perfectionné ! Les capacités d'apprentissage du néocortex sont infinies.

Ce cerveau est le plus mystérieux aux yeux des scientifiques. C'est grâce à lui que la culture, la philosophie, les arts, la science se sont développés. Sans lui nous serions restés de simples animaux.

Le néocortex est composé du *cerveau gauche* (logique, analytique, rationnel) et du *cerveau droit* (intuitif, global et imaginatif). Dans ces deux hémisphères cérébraux se développent le langage, la rêverie, l'imagination… Il est le siège de la conscience.

Chaque fois que nous réfléchissons, que nous nous posons des questions, que nous élaborons une stratégie, que nous lisons ou que nous écrivons… le néocortex travaille.

Parfois, le néocortex est « débranché » pendant quelques instants par l'étage du dessous (limbique). En effet, lorsque vous vivez une situation où vous êtes paniqué, votre néocortex se fige comme s'il s'était créé un bug interne ! De même, quand il y a une forte pression émotionnelle, il peut être amené à gérer tellement d'informations qu'il se bloque. Le cerveau limbique prend alors le relais (ou alors, c'est carrément le reptilien qui s'exprime !).

Par exemple, si vous vivez un merveilleux et bouleversant coup de foudre ou une situation conflictuelle particulièrement éprouvante (pleurs, cris, etc.).

Vous le voyez, ce 3e étage peut-être assez sensible… et parfois avoir besoin de déléguer des tâches aux niveaux inférieurs !

2. L'esprit

Dans le cerveau est « logé » l'esprit, défini comme l'ensemble des facultés intellectuelles...

Essayons d'en savoir un peu plus sur ce fameux esprit qu'on qualifie parfois aussi de *conscience*, d'*âme* ou de « *mental* ».

Qu'est-ce que l'esprit ?

Le cerveau est un objet physique que l'on peut étudier, analyser et même disséquer. C'est un organe qui appartient au corps. En revanche, l'esprit est une chose impalpable qui s'apparente à l'âme. Les bouddhistes disent que notre corps est une maison dont l'esprit est le locataire : à notre mort, l'esprit quitte le corps et s'en va loger ailleurs. Chez les chrétiens, à la mort d'un individu, l'âme se sépare du corps et monte au ciel.

Corps et esprit sont dissociés

Corps et esprit sont habituellement distingués : ce sont deux entités autonomes qui, réunies, composent ce que l'on peut appeler « l'être » (on parle aussi d'union du *physique* et du *psychique*).

Vous l'avez sûrement expérimenté : corps et esprit sont souvent dissociés. Cela implique un certain nombre de choses. Par exemple, votre corps peut être totalement sain, détendu et immobile : vous êtes allongé sur votre lit... et pourtant votre esprit est perturbé et vous n'arrivez pas à trouver le sommeil ! Cette dissociation fait souffrir. Parfois, rétablir l'unité entre le corps et l'esprit suffit alors à retrouver le calme : comprendre pourquoi on souffre permet de calmer le corps... ou, à l'inverse, calmer en profondeur le corps permet d'apaiser l'esprit ! Et donc de mieux dormir.

Ainsi, on peut travailler sur le corps ou sur l'esprit pour arriver, par deux chemins différents, à la sérénité de l'être. Nous verrons cela au travers d'exercices spécifiques. En général, je parlerai plutôt de mental que d'esprit. C'est ce terme que j'utiliserai le plus souvent et à partir duquel je vous proposerai de travailler.

À ce stade, je voudrais insister sur la puissance et l'importance de l'esprit : l'esprit est véritablement ce qui fait votre singularité. Dissocié du corps, il exerce sur lui une grande influence. Essayons donc de mieux le connaître et de comprendre comment il fonctionne.

Comment fonctionne l'esprit ?

Depuis la nuit des temps, de très nombreux philosophes, psychologues, thérapeutes et théologiens ont cherché à comprendre le fonctionnement de l'esprit. Force est de constater que, même au XXIe siècle, l'esprit n'a pas encore été exploré dans ses moindres recoins : la cartographie du cerveau n'a pas été entièrement révélée... et la compréhension de la conscience demeure parcellaire !

Parler de l'esprit, c'est entrer dans un domaine où science, philosophie et religion dialoguent, se complètent ou s'affrontent. C'est accepter la part de mystère qui réside en l'esprit. Un scientifique analysera plutôt l'esprit sous l'angle du cerveau, de manière organique et biologique. Mais cela ne suffira pas à épuiser toutes les potentialités de l'esprit : aucune science n'a pour l'instant réussi à mesurer le pouvoir de l'esprit capable de générer parfois des intuitions inexplicables, de « survivre » après la mort en « communiquant » avec des personnes restées ici-bas (je mets volontairement des guillemets car nous ne savons rien de concret, au fond, de ces « magies » de l'esprit). Quant à un théologien chrétien, il estimera par exemple que l'esprit est ce qui relie l'homme à Dieu (ou à la divinité chez les bouddhistes).

Mais revenons au mentaliste. Pour lui, l'esprit humain est avant tout une sorte de boîtier « émetteur / récepteur » où résident *conscient* et *inconscient*. Ce sont les deux puissances à l'œuvre dans la boîte crânienne.

Rapports entre conscient et inconscient

Imaginez que *le conscient* représente *la partie émergée / lucide* de nous-mêmes (20 % de notre activité psychique) et *l'inconscient, la partie enfouie / immergée* (tout le reste).

Le conscient

Le conscient, c'est *ce que l'on sait* : notre âge, notre profession, nos souvenirs (enfin, ceux qu'on n'a pas oubliés). C'est la mémoire vive de l'ordinateur. C'est l'état d'être et de perception dans lequel on vit habituellement. C'est avec lui que l'on parle, que l'on réfléchit, c'est ce qui s'éveille avec nous le matin.

L'inconscient

L'inconscient peut être considéré comme le véritable « patron » de l'esprit. Il s'agit de la partie immergée de l'iceberg. L'inconscient possède ses propres modes de fonctionnement : même si nous n'en avons pas conscience (*sic* !), il est toujours présent et agit à notre insu, en liberté. On estime qu'il représente 80 % du fonctionnement de l'esprit. En psychanalyse, l'inconscient est considéré comme la partie « refoulée » de nous-mêmes : créateur des rêves, des actes manqués, des lapsus, des pulsions les plus folles ou les plus destructrices, c'est un vaste continent à explorer ! Le mentaliste, lui, perçoit plutôt l'inconscient comme un protecteur, une puissance qui agit dans l'ombre : une éminence grise.

Partout à l'œuvre, l'inconscient régule et coordonne nos fonctions biologiques (température du corps, circulation sanguine, rythme cardiaque...). Imaginez votre vie si vous deviez penser à respirer ! L'inconscient fait cela très bien pour nous. Il « nous gère ». En outre, l'inconscient emmagasine les connaissances, les apprentissages et les souvenirs. Il agit comme une sorte de « trieuse » qui classe et organise nos savoirs et sensations. Ces informations ne sont pas perdues (même si on croit les avoir oubliées). Un mentalisme aguerri peut les faire rejaillir à la surface. Enfin, l'inconscient est protecteur : il se charge de mettre à l'écart les événements traumatisants de notre vie et allège le conscient en éliminant les informations inutiles. En réalité, nous n'oublions jamais ce que nous vivons : nous oublions tout simplement la façon de nous en souvenir.

Un dernier élément va vous convaincre de la puissance de l'inconscient. Nous pouvons effectuer consciemment entre 5 et 9 opérations mentales par seconde... contre 2 000 inconsciemment !

En d'autres termes : apprenez à faire confiance à votre inconscient !

Qu'est-ce qu'un symptôme ?

S'il y a souffrance (consciente ou inconsciente), il y a souvent symptôme. Je n'arrive pas à dormir ? Symptôme. Je n'arrête pas de me gratter ? Symptôme. Etc.

Le symptôme est la manifestation apparente d'un malêtre ou d'une maladie (physique ou psychologique). C'est un trouble ressenti par la personne.

En mentalisme, nous allons vraiment creuser les symptômes et leurs significations pour les faire disparaître. C'est un peu comme en psychanalyse... D'ailleurs, Freud, dans son ouvrage *Psychopathologie de la vie quotidienne,* fut le premier à considérer les symptômes comme la manifestation d'un traumatisme prenant sa source dans la psyché de l'individu.

Nous évoquerons ces petits symptômes de la vie quotidienne qui peuvent être des obstacles à la réalisation personnelle (insomnie, difficulté à gérer son temps, phobies, stress, angoisses, dépression, etc.). Grâce à des techniques très simples, je vous enseignerai comment les combattre. Car être mentaliste, c'est tout d'abord empêcher la survenance de ces petits symptômes psychologiques, les gérer s'ils sont déjà manifestes... voire les faire disparaître totalement quand c'est possible. Cependant, dites-vous bien que si un symptôme existe, c'est qu'il a une fonction utile. Avant même de vouloir le supprimer, posez-vous la question suivante : « Que m'apporte ce symptôme, que me permet-il ? » Un symptôme n'est jamais dû au hasard...

3. La boîte à outils du mentaliste

Qu'est-ce que la PNL ?

Derrière le nom scientifique et barbare de programmation neurolinguistique, dite PNL, se cache un univers très vaste. Inventée à la fin des années 1970 par Richard Bandler et John Grinder, la PNL est une science humaine qui aide à mieux communiquer, mieux interagir et, *in fine*, à évoluer positivement.

Qu'ont découvert Bandler et Grinder ? Ils ont observé de très près la façon dont trois thérapeutes de renom (Milton Erickson, Virginia Satir et Fritz Perls) arrivaient à aider leurs patients. Milton Erickson, notamment, était un vrai « magicien » (nous en reparlerons un peu plus loin car il est aussi le créateur de l'hypnose ericksonienne).

Bandler et Grinder ont réussi à modéliser le travail des thérapeutes en se demandant : « Comment ça marche ? », mais aussi et surtout : « Comment tout le monde pourrait *le refaire* ? » Ils ont en tiré un ensemble coordonné de connaissances et pratiques !

Aujourd'hui, la PNL est utile aux thérapeutes mais aussi, dans la vie quotidienne, à tous ceux qui veulent mieux vivre et communiquer.

Dans cet ouvrage, vous apprendrez les bases de la PNL : elles vous serviront toute votre vie car elles sont accessibles, faciles à retenir et à pratiquer. Surtout, elles s'avéreront vite très utiles lors de certaines situations !

Qu'est-ce que l'hypnose ?

Depuis toujours, à chaque fois que j'ai prononcé le mot « hypnose », j'ai pu constater deux types de réactions.

Certaines personnes se moquent. Pour elles, l'hypnose est, au pire, une supercherie et, au mieux, une vraie blague. Je comprends très bien leur réaction : dans les années 1970, en France, beaucoup de charlatans ont monté de toutes pièces des numéros d'hypnose... avec des complices dans le public ! L'image de l'hypnose en a souffert.

L'autre réaction, c'est la peur. Les gens sont terrorisés à l'idée que l'on puisse les hypnotiser. S'ils savaient qu'ils s'hypnotisent eux-mêmes plusieurs fois par jour sans le savoir ! En effet, notre cerveau nous débranche quelques secondes, toutes les vingt minutes, pour que nous puissions nous détendre ; cela se fait sans même que l'on s'en rende compte : au volant de notre voiture, dans les transports en commun, en réunion, en marchant... C'est comme une respiration, une détente générale très courte qui recharge le système.

Quoi qu'il en soit, pour en avoir le cœur net, je décidai un jour d'interroger les gens dans la rue. Je voulais savoir quelle était, pour eux, la définition de l'hypnose. Personne n'a su m'en faire une description précise ! C'est pourquoi j'ai décidé aujourd'hui de vous expliquer simplement ce qu'est l'hypnose. Savez-vous d'ailleurs depuis quand existe l'hypnose ?

L'hypnose dans l'histoire

Des recherches ont permis de découvrir que l'hypnose existait déjà en Mésopotamie, berceau de l'écriture et de l'agriculture. Il y a six mille ans, les Sumériens avaient compris à quel point il était important d'accompagner les souffrants par la parole. Ils développèrent des techniques de guérison s'apparentant fortement aux méthodes classiques d'hypnose : on sait aujourd'hui qu'ils plongeaient leurs malades dans des états modifiés de conscience (ou EMC, comme nous le verrons).

Les premières traces écrites de l'hypnose sont identifiées dans *Le Livre des morts des Anciens Égyptiens* qui remonte à plus de trois mille ans. La civilisation égyptienne, à l'instar des Sumériens, développa des techniques thérapeutiques par la parole : en 1972, on découvrit une stèle datant de Ramsès II sur laquelle une séance d'hypnose était décrite avec précision !

Socrate se décrivait lui-même comme un « accoucheur d'âmes » : il utilisait une méthode, la maïeutique, qui s'apparente à celle de la sage-femme pour aider l'enfant à naître. Dans son enseignement, il a évoqué l'hypnose et le pouvoir de la guérison par les mots.

En Europe, en Afrique, en Amérique et en Australie, les témoignages évoquent sorciers, chamans et guérisseurs : ces « médecins » du corps et de l'âme utilisent dans leurs rituels des éléments de l'hypnose thérapeutique moderne. Quels que soient le rite, la culture et l'origine géographique, toutes ces pratiques ont un but commun : la guérison.

Au XVIIIe siècle, on « redécouvre » enfin l'hypnose. Plusieurs personnes vont contribuer à sa renaissance : docteurs ou membres du clergé, comme le père Johann Joseph Gassner, précurseur de la thérapie par l'hypnose mais qui officiait en tant qu'exorciseur ! En 1766, le docteur Franz Anton Mesmer devient le premier « psychothérapeute » du monde moderne. Il élabore la théorie du « magnétisme animal ». Dans les années suivantes, ses disciples progressent dans la compréhension du processus hypnotique. Ils montrent notamment que l'hypnose n'est pas le « résultat » d'une action exercée sur une personne, mais plutôt un « état » qui trouve sa source dans la personne même. Plusieurs notions importantes voient le jour, comme, par exemple, la transe, le somnambulisme ou encore la suggestion. Cela étant, le « mesmérisme », ou thérapie par le magnétisme animal, connaît des hauts et des bas. Le magnétisme attire... mais effraie en même temps ! Il n'est pas reconnu par la médecine et ne s'impose que progressivement. Il séduit malgré tout les cours royales et impériales d'Europe. On peut à l'époque se soigner par le « magnétisme » de Mesmer. Plus tard, on parlera de « sommeil lucide »... puis d'hypnose !

« Hypnose » : le mot apparaît officiellement en 1843, sous la plume de James Braid, médecin écossais, qui publie un ouvrage de référence (*Hypnose ou Traité du sommeil nerveux.*) Petit à petit, l'hypnose séduit les scientifiques et les médecins du monde entier. On l'introduit dans les hôpitaux pour anesthésier les patients, pendant les amputations par exemple. Cette pratique connaît alors un véritable « âge d'or » jusqu'à l'invention du chloroforme et autres anesthésiants.

Le XXe siècle voit son lot de thérapeutes, médecins ou chirurgiens célèbres qui offrent à l'hypnose son plein développement. Citons les professeurs Bernheim (école de Nancy) et Charcot (école de la Salpêtrière). Tous deux auront une grande influence sur les travaux de Sigmund Freud : ils ouvriront la voie à sa théorie révolutionnaire de l'inconscient. Passionné par les phénomènes hypnotiques, Freud effectua d'ailleurs plusieurs stages auprès de Charcot et de Berhneim. C'est auprès de ce dernier qu'il achèvera sa formation en hypnose... bien qu'il n'ait jamais été très doué pour la pratiquer ! Pourtant, dans son travail, Freud n'a jamais envisagé la psychanalyse et l'hypnothérapie comme des sœurs ennemies et incompatibles. Bien au contraire, lorsqu'un de ses patients avait davantage besoin d'hypnose que d'une analyse, il recommandait la prise en charge du patient par un hypnothérapeute.

Voilà... vous savez maintenant que l'hypnose existe depuis des temps reculés et qu'il a fallu des millénaires avant de donner un nom à cette pratique et de pouvoir l'appréhender de manière scientifique.

Aujourd'hui, l'hypnose médicale est, entre autres applications, utilisée en complément des anesthésiants classiques. Elle permet de délivrer des doses de médicaments moins fortes, le sujet supportant mieux la douleur grâce à l'hypnose. Beaucoup d'opérations ont désormais lieu ainsi (ablation de la thyroïde, par exemple). Certains hôpitaux utilisent l'hypnose en « soutien » de traitements lourds ou dans la prise en charge de la douleur aiguë (CHU de

Rennes, hôpital Debré à Paris, CHU de Liège, clinique Saint-Luc à Bruxelles, notamment).

Par ailleurs, de plus en plus de dentistes se forment à l'hypnose pour proposer un antidouleur naturel à leurs patients.

Sachez à présent qu'il existe plusieurs formes d'hypnose. En voici les deux principales...

L'hypnose classique

C'est la toute première forme d'hypnose : celle que James Braid a étudiée. C'est aussi celle que l'on utilise dans le spectacle (quand on voit un hypnotiseur dominant un hypnotisé « fasciné »). Elle implique un mode *autoritaire, directif*, de la part de l'hypnotiseur. Le patient *doit* suivre les suggestions de l'hypnotiseur.

En fait, on estime que 40 % des gens sont « suggestibles » à l'hypnose classique. De nouvelles techniques introduites par le célèbre hypnotiseur Dave Elman font grimper ce pourcentage à 70 % (mais l'induction est alors très longue).

Aujourd'hui, l'hypnose classique est encore utilisée dans certaines thérapies car elle permet de « briser » la barrière du conscient et d'atteindre directement l'inconscient.

Sur scène, elle a été utilisée par des personnalités telles que Franck Six, Dany Dan, Dominique Webb, Yannick Mariolle...

Bien que l'hypnose classique soit aujourd'hui petit à petit abandonnée en thérapie, c'est la première que j'ai étudiée : elle m'a permis de découvrir de façon impressionnante les états modifiés de conscience.

L'hypnose ericksonienne

Milton H. Erickson, psychiatre américain, a inventé cette forme d'hypnose qui porte son nom. Ce personnage intriguant et mystérieux a troublé la communauté scientifique : ayant eu à deux reprises la poliomyélite, la première fois à 17 ans et la seconde à 51 ans, il a réussi à en guérir les deux fois par la seule force de son esprit.

Lorsque, en 1962, Milton Erickson vint en France pour un congrès, l'assistance, composée de médecins, chercheurs scientifiques et thérapeutes, fut fortement impressionnée. D'ailleurs, le magazine *Science et vie* lui offrit sa couverture et lui consacra des articles élogieux.

Milton Erickson a révolutionné la psychothérapie en introduisant des techniques nouvelles puissantes et performantes. Le psychologue Ernest Rossi l'a accompagné pendant de longues années pour comprendre comment fonctionnait l'esprit d'Erickson et pourquoi ses séances permettaient la guérison des patients.

On dit qu'Erickson n'utilisait jamais deux fois la même technique pour le même symptôme : il jouait du regard, modifiait le ton de sa voix, la position de son corps... et inventait des histoires étonnantes pour emmener le patient vers la guérison.

Voici deux cas célèbres parmi des centaines d'autres :

Le premier, c'est l'histoire d'un homme de 50 ans atteint de plusieurs pathologies (maladie de Buerger, diabète, troubles cardiaques et hypertension).

Au début de sa consultation avec Milton Erickson, il lui confia suivre une analyse depuis huit mois, période au cours de laquelle il avait dû augmenter sa dose d'insuline, avait pris dix-huit kilos et était passé d'un paquet et demi de cigarettes par jour à quatre paquets.

Milton Erickson le mit en transe. Lentement et distinctement, il lui fit répéter son problème. Erickson demanda ensuite quelque chose de surprenant à son patient : énoncer le traitement qui lui paraissait le plus approprié à sa situation. Le patient s'exécuta avec précision et clarté. Milton Erickson lui fit répéter quatre fois le traitement qu'il avait lui-même créé, puis induisit chez son patient un besoin irrépressible de suivre ce plan.

Un an plus tard, cet homme revint voir Milton Erickson. Il était en pleine forme.

Je ne résiste pas non plus à l'envie de vous raconter l'histoire de Jimmy, un petit garçon qui souffrait d'énurésie. Ses parents, très ennuyés d'avoir un enfant de 10 ans qui mouillait encore son lit, avaient tout essayé pour le guérir.

Désespérés, ils l'adressèrent à Milton Erickson. En entrant dans le cabinet de l'hypnotiseur, Jimmy, à qui ses parents avaient fait croire qu'on l'amenait chez un médecin pour les fous, se coucha par terre et se mit à hurler. Astucieusement, Erickson en fit autant et se mit à hurler aussi fort. Une fois les pleurs passés, il établit un contact avec l'enfant en lui parlant de sa belle musculature (le garçon jouait au base-ball) et de sport. Il poursuivit alors en évoquant les fonctions des muscles de l'estomac qui s'ouvrent pour laisser passer la nourriture et se ferment lorsqu'il n'y en a pas. Très vite, l'enfant cessa de mouiller son lit.

Aujourd'hui, l'hypnose ericksonienne est beaucoup plus utilisée que l'hypnose classique : elle fait appel à l'engagement du patient et réalise une véritable interaction entre le thérapeute et son patient (au contraire de l'hypnose classique qui travaille sur un mode autoritaire et où le patient est passif).

Milton Erickson est décédé en 1980. Il laisse derrière lui des connaissances incroyables sur le fonctionnement de notre mental lorsqu'il est en transe.

Dans mon cabinet, je pratique une hypnose très largement inspirée de l'hypnose ericksonienne dans un esprit humaniste.

II

Apprenez à mieux vous connaître et à développer vos ressources cachées

L'un des aspects les plus importants lorsque l'on décide de modifier sa vie positivement consiste à se familiariser avec ses émotions et ses pensées.

Cette démarche essentielle qui nécessite de « descendre au fond de soi » se nomme « connaissance de soi ». La plupart d'entre nous consacrent beaucoup plus de temps aux autres et aux distractions comme les journaux, les cancans au téléphone avec ses amis ou la télévision, plutôt qu'à nous-mêmes.

Pourquoi ? Tout simplement parce que nous souhaitons, inconsciemment, échapper à ce qui est à l'intérieur de nous et qui nous effraie : nos angoisses, nos complexes, nos sentiments intenses.

Pourtant, sans cette connaissance de soi, la maîtrise de soi et le bonheur véritable ne peuvent exister. Et tout l'art du mentalisme réside justement dans la capacité à atteindre des objectifs en contrôlant son esprit, un peu comme un conducteur de Formule 1 qui gère une course en ayant une maîtrise parfaite de son bolide.

Avant d'atteindre cette maîtrise de vos facultés intérieures, il est important de bien connaître votre esprit et de voir avec lucidité qui vous êtes.

En sachant qui vous êtes, en comprenant la façon dont vous fonctionnez, vous découvrirez ce que sont vos possibilités. Et cette connaissance a une valeur colossale car vous découvrirez tout à la fois ce qui vous empêche de vous accomplir et tout ce que vous n'avez jamais osé voir : vos qualités cachées mais bien réelles.

Ce qui retient la plupart des gens de se jeter dans le bain de la vie, de prendre des initiatives, bref d'entreprendre et surtout de réussir, est cette ignorance de leur valeur et de leurs limites.

Beaucoup vivent dans un fantasme d'eux-mêmes : soit ils se trouvent trop nuls, soit ils se trouvent géniaux. Et dans les deux cas, ces personnes ne sont pas dans la réalité mais dans un monde imaginaire qui les privent de satisfactions que seule la réalité peut donner.

Quoi de plus magique et puissant que de réaliser par soi-même ses rêves et ses objectifs !

Un bon mentaliste de vie est donc avant tout une personne *consciente* : le mentaliste est pleinement présent à lui-même, il connaît ses possibilités et ses limites.

Avant d'aborder les techniques de PNL, d'autohypnose et de décryptage du langage non verbal qui vous accompagneront au cours de ce travail de connaissance de vous-même, j'aimerais vous donner les moyens de conquérir votre autonomie en devenant plus fort intérieurement. Quand vous serez prêt, vous pourrez aller vers les autres en toute confiance, animé des meilleures intentions du monde.

Cette *connaissance de soi*, telle que je la conçois, demande bien sûr beaucoup de temps et de pratique : il y a beaucoup de techniques à découvrir, d'exercices d'autohypnose à pratiquer et de réflexions à mener en profondeur.

Grâce à eux, vous pourrez être la personne que vous avez toujours rêvé de devenir sans trop y croire : une personne sûre d'elle, positive, qui n'est plus paralysée par ses peurs ou son stress. Libéré de vos « démons intérieurs », vous ouvrirez suffisamment votre esprit pour aller vers l'extérieur et vers les autres. Votre personnalité ne sera plus autant verrouillée et une sorte de magnétisme, un charisme, irradieront de vous.

Un mentaliste est d'abord une personne confiante. Pour acquérir une telle confiance, il convient, j'insiste, de s'examiner, de bien connaître ses envies et les objectifs que l'on souhaite atteindre. Il faut aussi définir les moyens pour y parvenir. Comme son nom l'indique, le « mentaliste » travaille sur le « mental ». Il s'agit donc de se forger un mental d'acier.

Cette confiance grandissante qui sera la vôtre vous permettra de dépasser vos complexes, de devenir maître de votre temps et de lâcher prise par rapport à des incidents du passé. Vous savourerez d'autant plus la vie que son goût ne sera plus gâché par vos angoisses ou vos nuits sans sommeil.

Cette belle plongée effectuée en vous-même vous donnera aussi accès à de nouvelles ressources : une meilleure mémoire et une intuition plus juste. Vous serez également surpris d'attirer à vous, comme un aimant, des personnes et des événements positifs. Dans le dernier chapitre, j'aborderai plus en détail ce phénomène passionnant de synchronicité.

Dans cette partie consacrée à la connaissance de soi, je vous parlerai avant tout à partir de mon expérience, mais vous donnerai aussi des exemples concrets que j'ai pu observer ou qui m'ont été relatés, et vous soumettrai parfois des stratégies toutes simples auxquelles vous n'avez peut-être jamais pensé ou que vous n'avez jamais osé vivre. Je n'oublierai pas, bien entendu, de vous faire pratiquer quelques exercices indispensables et puissants qui devraient considérablement améliorer la qualité de votre vie !

Vous êtes prêt ?

1. Avoir confiance en soi

U*n mentaliste a confiance en lui.* C'est la première étape. Gagner en assurance, être profondément serein et sûr de soi, tel est le premier travail : c'est le premier entraînement que vous allez devoir faire sur vous-même, avant de découvrir toute technique de mentalisme.

Bien sûr, la vie en société et les aléas du monde moderne sapent parfois les bases de la confiance naturelle que tout être porte en lui. Le monde est violent, compétitif, agressif, l'avenir est incertain : tout cela nous inquiète. Notre éducation, nos expériences, nos échecs, nos peurs anciennes et l'image que l'on a de nous-mêmes inhibent aussi notre confiance.

Heureusement, la confiance en soi se gagne... ou se regagne. En tout cas, elle se travaille.

Commençons par une question simple : « Avez-vous confiance en vous-même ? »

Si vous répondez : « J'ai confiance en moi », dans ce cas, très bien. Vous allez voir que vous pouvez faire évoluer cette confiance, la rendre encore plus solide et plus vaste.

Mais si vous répondez : « Non, je n'ai pas confiance en moi », il va falloir vraiment travailler... et commencer par bannir une telle phrase de vous-même ! Elle n'a pas lieu d'être. Je rencontre trop souvent des gens très bien qui disent ne pas avoir confiance en eux. C'est dommage : quand on n'a pas confiance en soi, comment peut-on trouver sa place dans le monde et réussir sa vie ?

Les Américains ont d'ailleurs fait de la confiance en soi un enjeu politique ! Ils parlent plutôt *d'estime de soi*, qui reçouvre une réalité plus large… Les membres du Congrès ont reconnu que le manque d'estime de soi est souvent à l'origine de maux tels que la violence, l'échec scolaire, l'alcoolisme, la toxicomanie… et le chômage ! « Les personnes ayant de l'estime de soi produisent du revenu et paient des impôts. Celles qui n'en ont pas consomment des subventions ! », jugent les congressistes. On ne saurait être plus clair. En développant votre estime de soi, vous ferez du bien à vous-même… mais aussi à la société !

Qui peut avoir plus confiance en vous que vous-même ?

Personne.

Et si vous vous posiez cette question à voix haute :

« Qui peut avoir plus confiance en moi… que moi-même ? »

En posant la question, vous réalisez qu'il y a en vous des réserves de confiance très importantes. Vous êtes seul maître à bord. La confiance doit d'abord émaner de vous. Ensuite, les autres pourront vous faire confiance…

Cela me fait penser à une phrase de l'écrivain Marguerite Duras, parlant de l'écriture :

« En somme, on part avec une méfiance de soi, avec une culpabilité, on part (pour écrire) avec de petits bagages que les autres ont ficelés pour vous, on ne part pas dans la liberté. Il faut se faire confiance. Vous faites bien confiance aux autres, et vis-à-vis de vous, vous êtes plein(e) de méfiance, pourquoi ? Ce n'est pas juste. Moi, je me fais confiance comme à un(e) autre. Je me fais complètement confiance. »

Avant d'inspirer confiance aux autres, commencez donc par *vous* faire confiance.

Si vous voulez vous réapproprier votre vie, être acteur de votre vie, il faut commencer par ça.

Ayez confiance en vous. C'est le premier élément, c'est avec cela qu'on avance, c'est ce qui va conditionner toute la suite de votre parcours vers le mentalisme ou, plus généralement, vers la sérénité et la réussite au sens large (amour, travail, créativité, relations avec les autres).

La confiance est le carburant, le socle de toutes les actions futures que vous allez mener.

Souvent, nous péchons par excès de timidité, de complexes, nous nous dévalorisons. Je pense par exemple aux situations où nous devons prendre la parole en public : nous tremblons, notre gorge s'assèche, nous perdons tous nos moyens. Nous nous sentons faibles et peut-être même stupides devant tous ces gens qui attendent qu'on parle. Pourtant, nous avons peut-être quelque chose à dire ? Nous sommes même là pour ça. Nous devons prendre la parole en réunion ou poser une question lors d'une conférence parce qu'une idée nous est venue. Mais, quelque chose bloque, nous avons peur du regard des autres.

Voilà donc à quoi le manque de confiance peut conduire : à une inhibition totale qui nous empêche d'avancer, de vivre ce qu'on a envie de vivre (faire le travail qui nous plairait, parler à la fille qui nous semble si jolie, faire ce grand voyage autour du monde qu'on n'ose pas entreprendre...).

Attention, l'excès de confiance n'est pas bon non plus ! Être prétentieux, cela peut aussi créer des problèmes avec les autres, nous amener à prendre des risques inconsidérés, etc.

Je vous propose de cultiver une *confiance tranquille* qui vous permet d'avancer là où vous voulez, en mesurant les risques mais en tentant aussi votre chance, aussi souvent que possible.

Vous vous rappelez que vous deviez prendre la parole en public... mais que vous n'avez pas osé ? C'est peut-être parce que vous vous êtes dit que la dame d'à côté allait vous trouver stupide, ou parce que vous n'alliez pas trouver vos mots pour expliquer clairement ce que vous vouliez dire, ou encore parce que vous trouvez que vous n'êtes pas très bien coiffé, un peu transpirant et que ça va se voir... Tout cela est vrai, peut-être : mais se focaliser sur cette multitude de détails empêche l'action. Souvent, le manque de confiance en soi naît de cela : d'une attention trop grande à tel ou tel complexe que l'on porte en soi, aux multiples déconvenues qui pourraient survenir d'une situation pourtant a priori favorable et sans réel danger. Penser, c'est reculer. Ce que nous devrions faire naturellement sans réfléchir est passé au crible de notre raisonnement, jusqu'à être critiqué impitoyablement... Résultat : nous n'agissons pas. En effet, notre conscient a tendance à nous faire cogiter sur les hypothétiques issues de notre action, sur la façon dont les choses vont se dérouler, etc. Cela bride notre enthousiasme, notre envie. Dès que nous commençons à nous poser des questions, cela se transforme vite en un long débat intérieur (comme une balle renvoyée inlassablement par deux joueurs de tennis). Si tel est le cas, une seule solution : respirer un bon coup et évacuer ce questionnement. Comment faire ? Il faut faire le vide et agir sans inquiétude. C'est comme une sorte d'élan qui vous pousse vers l'avant. Là, vous avez alors vraiment confiance : « Vous vous jetez à l'eau. » C'est comme quand vous étiez petit et que vous n'osiez pas sauter dans le grand bain... mais que vous finissiez par le faire !

Il a été prouvé que l'estime de soi a des effets très positifs sur le système immunitaire... ainsi que sur l'envie de s'engager dans l'action ! Jules Renard écrivait : « Une fois que ma décision est prise, j'hésite longuement... » Si vous vous faites vraiment confiance, vous ne ferez pas comme Jules Renard. Vous irez de l'avant efficacement. À l'inverse, comme l'ont prouvé de nombreuses études, si votre estime de soi est restée basse, vous aurez tendance à pécher par excès de prudence et de réticences et à procrastiner, c'est-à-dire à repousser constamment la décision et l'action.

Bien sûr, ne croyez pas que les gens qui ont confiance en eux soient toujours aussi tranquilles et intrépides. Eux aussi souffrent parfois d'un manque de confiance... mais ils arrivent presque toujours à redresser la barre et à repartir de l'avant !

D'où vient le manque de confiance ?

L'éducation et la famille jouent un rôle très important : une personne qui a grandi dans une famille réservée et timide, sans réelle communication et où les tabous règnent en maître, a de grandes chances d'être inhibée à l'âge adulte. Même chose si le cocon familial est strict et sévère et que les réflexions et les reproches fusent sans cesse de la part des parents : l'enfant rabaissé par son père autoritaire ou « empêché » par sa mère castratrice aura du mal à s'affirmer ultérieurement.

L'école peut être aussi un déclencheur de « manque de confiance » : si l'enfant est malmené par ses camarades ou que des professeurs trop sévères le rabaissent, il peut rencontrer des difficultés plus tard.

Par ailleurs, il m'est arrivé de constater qu'une personne n'ayant pas vécu de réelle crise d'adolescence souffre souvent d'un manque d'assurance dans sa vie d'adulte. Être un rebelle à 15 ans, ça apprend à tester ses limites et ça aide pour le futur !

Comment prendre confiance en soi ? Quatre disciplines clés

Que vous soyez jeune ou moins jeune, sachez qu'il existe énormément d'activités qui peuvent vous aider à être plus confiant dans la vie et face aux autres. Elles peuvent être pratiquées à tout âge.

Je vais en citer quelques-unes.

Le théâtre

Le théâtre est un excellent tremplin vers la confiance en soi : il permet d'incarner des personnages fictifs tout en gardant le contrôle de soi. Lorsque vous jouez la comédie, la seule limite est votre imagination.

Mais dans la vie aussi, vous pouvez jouer et faire comme si vous étiez sur une scène de théâtre : observez une personne que vous admirez (ce peut être votre père, un ami, un chanteur ou un acteur...). Vous trouvez que cette personne s'exprime bien en public ? Qu'elle a de l'assurance ? Essayez donc de l'imiter : d'agir et de parler comme elle. N'hésitez pas non plus à explorer les émotions les plus variées. Explorez la colère, la joie, la peur, la tristesse : vivez et exprimez ces émotions... Le but est de tester vos limites, de savoir quelles sont vos émotions et d'apprendre à être comme ces gens que vous admirez. En imitant le comportement d'une personne confiante, vous vous prouvez *de fait* à vous-même que vous êtes capable de l'être aussi !

Les arts martiaux

Pour avoir longtemps pratiqué les arts martiaux, je peux vous assurer qu'il s'agit d'une véritable « école de la vie » qui permet de dépasser ses limites spirituelles et corporelles. Les arts martiaux vous apprennent à avoir confiance et à ne plus avoir peur de l'autre. Dans les arts martiaux, contrairement à ce que l'on peut croire, votre partenaire n'est pas dans l'absolu votre adversaire : il est un autre qui vous aide à avancer, un peu comme dans la thérapie.

La danse

À force de travail et de persévérance, vous puiserez dans cette discipline éprouvante un équilibre et une confiance qui se révéleront dans vos mouvements et votre attitude en général.

La musique

La musique est un espace privilégié où vous pouvez vous évader. J'ai pour la musique une véritable passion et je considère le son (tout ce qui est auditif) comme un élément essentiel de la thérapie et du développement personnel.

Comme le disait le célèbre psychiatre britannique Winnicott : « C'est en jouant, et en jouant seulement, que l'individu, enfant ou adulte, est capable d'être créatif et d'utiliser sa personnalité tout entière. C'est seulement en étant créatif que l'individu découvre le soi. De là, on peut conclure que c'est seulement en jouant que la communication est possible. »

Donc, je n'ai qu'un seul mot d'ordre : *jouez !* Que vous fassiez du théâtre, de la musique, de la danse ou des arts martiaux… ce sont là des activités complètes qui engagent le corps, le psychisme, la créativité et la relation à l'autre.

Bien sûr, il y a plein d'autres façons de progresser et de se sentir plus fort : la natation, les voyages, des relations amicales nourries et durables, etc. Mais ces trois activités que je viens de citer sont excellentes pour se dépasser. Elles sont de véritables disciplines qui nécessitent un plein engagement. Et il y aura toujours, pour vous soutenir, cette phrase qui résonnera en vous : « Je peux y arriver ! »

Je vous propose maintenant de nouvelles techniques pour gagner en confiance en soi.

Comment prendre confiance en soi ? Les méthodes pour augmenter son estime de soi

Positiver ses défauts et sublimer ses qualités

LEÇON N° 1 : COMMENCEZ PAR NE PLUS JAMAIS PARLER DE VOUS-MÊME DE MANIÈRE NÉGATIVE !

Vous savez, tous ces adjectifs négatifs que l'on utilise pour se qualifier ou se décrire : « Je suis nul », « Je ne sers à rien », « Je ne suis pas assez bon », « Je suis moche »…

À quelle fréquence vous répétez-vous ces croyances négatives pour vous qualifier ? Une fois par semaine ? Tous les jours ? Chaque minute ?

Vous valez bien mieux que ça. Lorsque vous êtes découragé, inutile de vous accabler de critiques. Soyez patient avec vous-même. Rappelez-vous avec respect et tendresse que la relation que vous entretenez avec vous-même compte plus que vos échecs extérieurs.

Prêtez attention à la façon dont vous vous parlez. Quand vous vous surprendrez à avoir des pensées rabaissantes ou négatives, contrez ce message par des mots d'encouragements et d'acceptation :

PAR EXEMPLE :

« Je suis nul » donne : « Je ne vaux pas moins qu'un autre. »

« Je ne suis qu'un bon à rien » donne : « J'ai le droit de me tromper pour mieux réussir. »

« Je ne suis pas assez bon » donne : « J'ai des capacités. »

Attention : ne tombez pas dans l'excès inverse. « Je suis nul » ne devient pas : « Je suis le meilleur. » Idem : « Je vais rater mon coup » ne doit pas devenir : « Je vais tous les enfoncer ! » Restez humble et surtout respectueux des autres, ne tombez pas dans l'agressivité. Les qualificatifs positifs que vous allez vous appliquer n'amoindrissent en aucun cas les qualités de ceux qui vous entourent...

Vous l'avez compris, transformer sa propre communication interne permet d'optimiser les chances de réussite et de modifier l'image que vous avez de vous-même.

N'oubliez pas que vos pensées orientent le cours de votre vie. Assurez-vous de les orienter dans la bonne direction.

Maintenant, je vous propose un petit exercice.

Prenez un carnet. Faites-y deux colonnes.

Dans celle de gauche, notez tous les adjectifs que vous utilisez pour vous qualifier de manière négative. Soyez honnête avec vous-même et notez à gauche toutes ces petites phrases autodépréciatives qui reviennent trop souvent, que ce soit sur votre physique (« je suis moche »), sur votre capacité de travail (« je suis lent »), sur tout ce que vous voulez (« j'ai peur de tout », « je n'arrive à rien », « je suis méchant », etc.).

Une fois que vous avez fait cela, vous allez remplir la colonne de droite.

Transformez chaque qualificatif négatif en un qualificatif plus positif.

« Je suis lent » devient par exemple :

« J'avance lentement mais sûrement, c'est aussi efficace que si j'allais vite. »

« Je suis méchant » devient :

« Je suis orgueilleux, parfois un peu égoïste c'est vrai, mais je ne veux de mal à personne. En fait, je veux du bien aux autres. »

Vous pouvez aussi faire l'exercice avec *les qualités* que vous vous attribuez !

Refaites deux colonnes : à gauche, les qualités que vous vous reconnaissez.

À droite, réécrivez ces qualités... *en les sublimant* et en essayant de voir ce qu'elles peuvent vous apporter concrètement.

EXEMPLE :

« Je suis doué en mathématiques » deviendra :

« J'ai le potentiel pour réussir dans un domaine scientifique. »

Vous voyez, le travail est celui-là : modifier ses croyances intérieures pour aller de l'avant.

Les moines tibétains méditent fréquemment sur la compassion. C'est une façon de « travailler » leur croyance intérieure dans le bon sens ! Une étude de l'Université du Wisconsin a d'ailleurs montré que ces moines sont largement plus heureux que la moyenne : en effet, leur pensée positive émet un rayonnement gamma qui active le cortex préfrontal gauche et développe la sensation de bonheur, comme l'a prouvé l'IRM.

Par ailleurs, une étude de l'UCLA (Université de Californie à Los Angeles) a montré que les enfants et les adolescents qui pensent positivement ont un *seuil de tolérance à la douleur plus élevé*. C'est important pour supporter la vie et surmonter les obstacles !

Avancez donc peu à peu vers la pensée positive. En n'oubliant pas, de temps à autre, de vous regarder dans votre glace et de vous dire : « *Je t'aime.* » Observez alors votre réaction : êtes-vous sensible à cette autosuggestion ? Mal à l'aise ? Hostile ? En accord ou en désaccord avec cette phrase ? N'hésitez pas à renouveler souvent l'expérience. Pensez aussi à vous dire *en face* : « J'ai confiance en moi » ou : « Je sais ce que je suis et je sais ce que je vaux. » Les croyances intérieures changeront d'elles-mêmes...

Éloigner les autosuggestions négatives

La pensée humaniste intervient aussi dans notre façon de communiquer avec nous-mêmes. Nos suggestions négatives, comme vous le découvrirez plus en détail dans le chapitre concernant le stress, agissent sur notre corps en déclenchant des manifestations désagréables. Se dire tout le temps, par exemple : « J'en ai plein le dos » peut contribuer à l'apparition d'un lumbago. Il est donc important de surveiller et de supprimer les autosuggestions négatives.

Voici une technique particulièrement efficace. Pour la tester, je vous invite à penser à une autosuggestion négative que vous vous répétez souvent (par exemple : « Je suis nul, je n'arrive à rien »). À présent, imaginez-vous en train de prononcer à haute voix cette autosuggestion. Soyez spectateur de la scène comme si vous vous regardiez sur un écran de télévision. Vous vous voyez dire cette phrase désagréable ?

Quelles sont les sensations que cela vous procure ?

Imaginez que cette image négative de vous s'éloigne de plus en plus, que le son soit de plus en plus faible jusqu'à devenir muet...

Observez comment l'émotion négative diminue à mesure que l'image devient lointaine et obscure.

Lorsque vous ne ressentez plus rien et que l'image a complètement disparu, c'est que votre esprit *a modifié le négatif et a réussi à le transformer en positif.*

Comment peut-on croire que l'on ne peut pas y arriver si l'on n'a jamais essayé ?

LEÇON N° 2 : ACCEPTEZ DE FAIRE DES ERREURS.

Une erreur commise vaut toujours plus qu'une absence d'action.

En réalité, l'échec n'existe pas. L'échec permet de progresser et de prendre encore plus confiance en nos capacités. Le maître Jigoro Kano, fondateur du judo, disait pour expliquer l'essence de son art martial : « C'est en tombant que l'on apprend. »

Quand un échec survient dans votre vie, cela vaut donc le coup de se questionner et d'interroger les autres.

Bien sûr, l'échec peut dans un premier temps renforcer nos croyances négatives (« je suis nul, je n'y arriverai jamais », etc.), voire générer du ressentiment (« c'est à cause de mon patron que je n'arrive pas à progresser dans cette entreprise », « si j'ai raté mon examen, c'est parce que les correcteurs m'ont mal jugé », etc.).

Mais j'insiste : si l'on réfléchit bien, c'est à soi seul que l'on doit s'en prendre... C'est alors que l'on peut tirer les véritables leçons de l'échec... et progresser vraiment !

Exemple : si vous passez pour la première fois votre permis de conduire et que vous le ratez, inutile de penser que c'est à cause de l'inspecteur ou parce que vous êtes peu doué au volant.

Dites-vous plutôt que vous n'étiez pas prêt et que les erreurs que vous avez faites vous permettront de progresser et de réussir le prochain examen.

Un exercice simple et pratique peut vous aider à comprendre et à accepter vos erreurs pour progresser.

Devenez votre meilleur ami : à chaque embûche, faites un constat tranquille et posez-vous des questions simples.

« Que s'est-il passé ? »

« Cela arrive de se louper, que comptes-tu faire pour réussir ? »

« Tu as tout pour réussir, alors maintenant que tu sais pourquoi tu t'es trompé, fonce ! »

Pour progresser, questionnez aussi vos réussites. Essayez de comprendre pourquoi, cette fois-ci, vous avez réussi. Accumulez les expériences. Lorsque vous réussissez quelque chose, soyez-en pleinement conscient. Vous pouvez vous dire avec joie et fierté : « J'ai réussi ! » Savourez ce moment.

Quand vous réussissez quelque chose, n'hésitez pas *à le faire savoir à votre entourage* pour qu'il vous félicite : le crédit des autres augmentera votre confiance en vous.

Se réconcilier avec son image : miroir, miroir, dis-moi...

Je vous propose à présent une *technique toute simple mais extrêmement précieuse* qui vous permettra à la fois d'évaluer votre estime de soi et de changer le rapport que vous entretenez avec votre image. Pour certains, cette technique peut être déstabilisante, voire dérangeante.

Tout d'abord, rendez-vous dans votre salle de bains, c'est le lieu où se déroulera l'exercice.

ÉTAPE 1 :

Postez-vous devant le miroir et regardez-vous. Que ressentez-vous en vous observant ainsi ? Qu'éprouvez-vous exactement ?

Laissez émerger sentiments et pensées alors que vous considérez ce visage qui est le vôtre. Demandez-vous si vous éprouvez une gêne à voir votre reflet, si vous portez des jugements sur votre physique, si vous éprouvez des complexes concernant votre nez, vos cernes, vos rides, votre cou, vos cheveux... *Remarquez-vous de la honte, de l'embarras, de la satisfaction, du plaisir ?*

Soyez attentif aux émotions négatives comme aux émotions positives. La plupart du temps, cet exercice nous confronte à une résistance intérieure, porteuse de toutes nos critiques, celles que l'on se fait et celles que l'on a reçues. Peu d'entre nous sont capables de se regarder dans le miroir en restant sereins, sans se sentir obligés de remettre une mèche en place ou de camoufler un bouton ou de toucher une partie du visage comme pour y faire disparaître un défaut.

À ce stade de l'exercice, il vous suffit juste de rester suffisamment longtemps à vous regarder et de *déterminer votre niveau d'estime.*

ÉTAPE 2 :

Habituellement, aimer se regarder dans un miroir ne signifie pas nécessairement qu'on se trouve beau. Ne pas se regarder dans un miroir ne signifie pas non plus que l'on se trouve laid.

Tout l'enjeu de cet exercice n'est pas de vous trouver « canon » mais bien d'être capable de vous accepter, d'être capable de vous regarder et de prononcer sans rire nerveusement et sans crainte d'être ridicule : « *Je t'aime.* »

Désormais, tentez. Face à vous-même, prononcez à voix haute un mot doux du type : « Je t'aime », et répétez-le plusieurs fois en terminant par votre prénom.

Là encore, en prononçant : « Je t'aime », observez ce que cela provoque en vous. Est-ce agréable ? désagréable ? confortable ? inconfortable ? bizarre ? *Cela vous donne-t-il envie de vous esclaffer, d'arrêter cet exercice que vous jugez idiot ?*

En grandissant, nous apprenons deux choses : ne pas être trop narcissique et camoufler nos faiblesses. Mais nous n'apprenons jamais à nous aimer et à nous accepter profondément, avec respect et tendresse. Nous faisons comme si nous n'existions pas. Nous nous accordons d'aimer notre entourage mais surtout pas nous-mêmes. En cessant de voir ce que nous devons changer ou améliorer en nous, nous lâchons complètement prise et toute l'énergie que nous avions investie dans des auto-jugements, nous allons l'investir ailleurs : dans notre vie !

Ce genre d'affirmation, qui vient contrebalancer des années de conditionnement, est donc *primordial.*

Prenez cet exercice au sérieux et vous découvrirez qu'en quelques semaines votre existence peut changer de façon radicale.

Chaque jour, en toute occasion, mettez-vous face à un miroir et regardez-vous dans les yeux (salle de bains, voiture, reflet de l'ordinateur ou du téléphone portable...) et dites-vous plusieurs fois : « Je t'aime. »

Voici les effets que vous pouvez en attendre, à condition de pratiquer l'exercice du miroir tous les jours : la première semaine, vos critiques intérieures diminueront progressivement ; la deuxième semaine, vous serez plus patient, autant avec vous-même que les autres, collègues, amis, famille ; vous apprécierez plus votre présent, vous serez moins obsédé par votre passé et moins préoccupé par l'avenir. Au bout de quelques semaines, vous serez moins stressé et frustré. *Votre charisme s'amplifiera* et il émanera de vous une sorte de calme que les autres ne manqueront pas de remarquer.

Le docteur Masaru Emoto, un chercheur japonais spécialiste des énergies vitales, a découvert que les cristaux d'eau réagissent aux pensées. Les pensées positives génèrent *des structures magnifiques* et les pensées négatives ne créent aucune forme.

L'eau garde ainsi en mémoire les émotions. Notre organisme étant composé à 70 % d'eau, imaginez l'incidence de vos propres pensées sur votre propre corps !

Adoptez une posture confiante

La confiance, c'est aussi quelque chose qui se voit, qui se ressent pleinement dans le corps. C'est mental, mais aussi physique ! Plus vous vous tiendrez droit, plus vous vous sentirez solide et détendu, plus votre assurance se renforcera.

En vous voyant, les autres aussi ressentiront cette force : la confiance sera diffusée à l'extérieur.

Une étude américaine de 1998 a montré que les êtres humains réagissent plus favorablement aux personnes qui marchent en se tenant droit, qui ont l'air toniques, qu'aux gens qui ont l'air avachis, épuisés, courbés, etc. Cela paraît évident. Mais ce qui l'est moins, c'est que cela transcende toutes les catégories d'âge : ainsi, une femme de 75 ans qui se tient droit a plus de chances d'influencer positivement ses interlocuteurs qu'un trentenaire qui baisse la tête. Prenez donc l'habitude, tout au long de votre vie, de rectifier votre posture, que vous soyez assis ou debout…

De toute façon, quand on a confiance en soi et qu'on est fort mentalement, le corps se sent mieux et se redresse automatiquement. Corps et esprit sont indissociables !

Rappelez-vous : notre attitude corporelle reflète toujours nos pensées et nos sentiments.

Maintenant, un petit exercice… Lorsque votre état émotionnel était au plus bas, vous rappelez-vous quelle était votre posture corporelle ? Aviez-vous du mal à respirer ? Sentiez-vous un poids sur vos épaules qui vous tirait vers le bas ? Vous aviez certainement l'un de ces symptômes. Certains chercheurs estiment même que la dépression est auto-entretenue : il suffit de se voûter un peu et de baisser légèrement les yeux pour se sentir immédiatement déprimé… Essayez, vous verrez !

Pour augmenter sa confiance en soi et se redynamiser, il importe donc de changer radicalement sa posture (sa manière de se tenir et de marcher). Quand vous marchez dans la rue, prenez l'habitude de vous déplacer dos droit et tête haute… et non pas le dos courbé en regardant le sol ! Les autres reconnaîtront cette attitude sereine et tranquille, ils vous respecteront davantage dans la rue, dans les magasins, dans les transports, etc. Redressez-vous !

À l'inverse, si vous marchez en regardant vos pieds, vous affichez malgré vous une attitude docile et faible : ceci peut donner envie aux autres de vous dominer, voire, dans les cas extrêmes, de vous agresser à cause de cette fébrilité et de cette fragilité que vous dégagez.

Quand vous êtes attentif à votre posture, vous regardez davantage ce qui vous entoure… et pas seulement vos pieds. Vous êtes ouvert et intéressé par ce qui se passe tout autour. Profitez du spectacle ! Laissez vos yeux profiter de l'environnement, prêtez attention aux autres et soyez attentifs aux sons, aux couleurs, etc.

Au bout d'un certain temps, votre nouvelle attitude corporelle sera ancrée en vous et vous n'y penserez même plus !

N'oubliez pas : bouger différemment *va modifier votre état d'esprit*. Cela peut paraître simple à dire, mais vous verrez qu'il s'agit d'un fait.

Je vous propose à présent une technique simple pour changer de posture. Celle-ci fait appel au mimétisme.

Choisissez une personnalité que vous admirez : un sportif, un acteur, un chanteur… quelqu'un qui vous semble dynamique et heureux dans la vie. Maintenant, entraînez-vous à imiter sa posture corporelle, sa façon de bouger, d'accompagner ses paroles avec des gestes. Imaginez son attitude lorsque ce dernier remporte un prix de cinéma ou une récompense sportive. Laissez-vous parcourir par cette émotion.

Au bout du compte, cette attitude va créer un ancrage de référence en vous. Lorsque vous vous sentirez un peu déprimé ou déçu par la vie, remémorez-vous cette attitude ! Et vous allez ressentir à nouveau les bénéfices de cette posture heureuse.

La technique du Swish

Je voudrais terminer cette leçon si importante sur la confiance en soi en vous racontant une anecdote personnelle.

Un jour, ma petite sœur Pauline est venue me voir et m'a dit : « Bastien, j'aimerais vraiment avoir plus confiance en moi ! Beaucoup de choses me prennent la tête ! Je me trouve trop timide et j'aimerais bien passer le cap pour enfin faire tout ce que je veux. Tu peux m'aider ? » Vous imaginez bien que je n'ai pas laissé ma sœur à son désarroi : son bonheur est important pour moi. Je lui ai donc proposé une astuce très simple pour prendre rapidement confiance en elle. Cette méthode est réellement accessible à tous : tout le monde peut l'expérimenter. Attention, vous n'allez plus pouvoir vous en passer...

En PNL, cette technique s'appelle le « Swish ». Le Swish permet de passer d'un état mental A à un état mental B très simplement et très rapidement. Si votre état mental actuel nuit à vos performances, à votre bien-être et que vous souhaitez vous acclimater à un nouveau contexte, le Swish vous permettra de rapidement vous adapter. Car le simple fait d'avoir davantage confiance en soi peut changer intégralement votre quotidien ! Je vais à présent vous expliquer cette technique pas à pas en prenant pour exemple la situation de ma petite sœur Pauline.

1re ÉTAPE : VISUALISER L'ÉTAT À MODIFIER

– Pauline, je te demande de visualiser une situation courante où tu estimes que tu manques vraiment de confiance en toi... Quand tu l'as visualisée, dis-le-moi.

– Oui, c'est bon, je vois très bien la scène.

– Parfait ! À présent, il faut que l'image ou la séquence qui passe dans ton esprit y prenne tout l'espace : comme si sur ton ordinateur, tu regardais une vidéo en plein écran... Tu vois ?

– Oui maintenant, c'est en plein écran.

– Que vois-tu ?

– Eh bien, je me vois assise en classe, le professeur m'interroge, et je réponds, mais j'ai du mal à trouver mes mots, à prendre la parole. Je vois que je manque de confiance.

2e ÉTAPE : IMAGINER UN ÉTAT POSITIF... ET LE FAIRE GRANDIR !

– D'accord. Maintenant que tu as isolé l'état mental dans lequel tu te trouves lorsque le professeur t'interroge, je vais te demander à présent de créer une petite fenêtre en bas à droite dans ton plein écran et de visualiser la situation parfaite que tu aimerais vivre lorsque ton professeur t'interroge. Tu vas la faire grossir de plus en plus jusqu'à ce qu'elle remplace la première séquence en plein écran, OK ?

– OK !

– Pendant que l'image grandit de plus en plus, ajoute une musique qui te donne de la motivation. Un air que tu affectionnes tout particulièrement. En ce moment même, tu écoutes de la musique entraînante. Essaie de la mettre en fond sonore et visualise la fenêtre qui s'agrandit et remplace petit à petit la première. Lorsque c'est fait, dis-le-moi.

– C'est bon, c'est fait...

– Très bien. Recommence l'exercice autant de fois que nécessaire pour que, dès que tu penses à la situation, la première image qui te vienne en tête soit la situation positive. OK ?

Pauline a recommencé l'exercice trois fois de suite avant d'atteindre le résultat souhaité. Aujourd'hui, lorsqu'un professeur l'interroge, elle répond dynamiquement avec une confiance à toute épreuve.

Rappelez-vous bien que dans un premier temps, vous devez *isoler l'élément à modifier*. Suivant les cas, cela peut être simplement une image ou une séquence qui doit être en plein écran dans votre esprit visuel. Par la suite, vous devez *créer une fenêtre en bas à droite* qui comporte l'image ou la séquence que vous souhaitez... et qui va s'agrandir jusqu'à prendre la place de la première. Pendant que l'image s'agrandit, ajoutez à l'ensemble une musique qui vous donne le sourire aux lèvres et qui vous motive, une musique qui vous entraîne, qui vous donne envie de danser par exemple (la musique qui vous donne la pêche le matin à votre réveil).

Recommencez l'exercice autant de fois que nécessaire pour arriver au résultat demandé. Le but est de créer une image de référence, une image positive sur laquelle vous allez pouvoir calquer votre attitude réelle.

Pour que l'exercice fonctionne encore plus rapidement, vous pouvez rajouter les sensations dans vos fenêtres. Lors de la première image ou séquence, vous ressentez un sentiment négatif, tandis que dans la nouvelle fenêtre qui s'agrandit, des émotions et sentiments positifs s'agrandissent en même temps que la fenêtre. Par exemple, dans le cas de Pauline : au fur et à mesure que la fenêtre grandit, elle respire mieux, elle sent son visage rayonner, elle se sent bien assise sur sa chaise, à l'aise au milieu de ses camarades ; elle est tranquille et en même temps enthousiaste quand le professeur la regarde ; elle a l'impression que les mots viennent naturellement, que sa voix est claire, elle n'a ni trop chaud, ni trop froid, elle ne tremble pas, elle sent d'ailleurs plutôt une chaleur dans son corps, etc.

En intégrant à l'exercice les émotions, je peux vous garantir que vous allez être encore plus efficace ! Le cerveau fonctionne par associations : il est donc important d'associer *le maximum de significations positives* au nouvel élément afin de remplacer au mieux l'ancienne image (ou situation).

Cet exercice a l'air très simple mais il est réellement opérant : le cerveau est tellement sensible aux reprogrammations qu'il a vraiment la capacité d'évoluer ! Dans le cas de ma petite sœur, une seule séance a suffi pour lui redonner confiance en elle. Dans votre cas, n'hésitez pas à reproduire la technique du Switch plusieurs fois... en n'oubliant pas d'associer images, sons et sensations à chaque fois !

J'espère vous avoir donné quelques clés et astuces pour affirmer votre confiance en vous : la retrouver si vous l'aviez perdue, la découvrir si vous ne l'avez jamais connue, la faire grandir si vous êtes déjà confiant mais que vous voulez le devenir davantage chaque jour.

2. Gérer son stress

Le stress est une maladie de l'époque. On pourrait même dire que le stress est la première maladie mondiale, au moins dans nos économies développées ! Tant de gens s'avouent stressés, inquiets, désorientés et angoissés. Le mal-être semble parfois généralisé, à écouter les gens qui nous entourent. L'actualité (suicides en entreprise, familles dysfonctionnelles, mal de vivre de gens célèbres ou anonymes) nous donne aussi tous les jours des raisons de croire que le stress se répand partout, à tout âge et qu'il ne cesse de gagner du terrain.

Plus le stress avance... et plus la sérénité s'éloigne. Le stress est omniprésent. Vous savez, tous ces petits symptômes que l'on cumule au fil de notre vie, la fameuse « boule au ventre » ou les sueurs froides. Nous avons tous connu ces symptômes, ces sensations. Nous n'arrivons jamais (ou trop rarement) à être vraiment bien, pleinement détendus. Quand le stress s'accumule au fur et à mesure des jours, des années, il ouvre la voie à des pathologies plus graves. Le stress épuise et, au final, fragilise tellement que les gens développent des maladies (cancers, atteintes neurologiques, etc.).

Ces maladies qui finissent par frapper sont créées par l'inconscient. Car quand on est stressé, conscient et inconscient s'affrontent.

Le conscient dit par exemple : « Je veux réussir ce travail, même si mon patron ne m'en donne ni le temps ni les moyens, mais je veux vraiment réussir, coûte que coûte ! » L'inconscient, lui, répond : « Je n'en peux plus, il faut que je lève le pied. » De cet affrontement entre conscient et inconscient naît un symptôme. Le stress s'exprime et finit par nous déborder, par s'inscrire dans le corps.

Une étude de 2010 conduite par Elizabeth Blackburn, prix Nobel de médecine, a même conclu que l'ADN pouvait être directement affecté par l'angoisse : chez les sujets stressés, elle a constaté que les télomères (sortes de bouchons qui protègent les deux extrémités de l'ADN) étaient comme diminués et raccourcis. Ceux-ci diminuent naturellement avec l'âge mais le stress les fait vieillir plus vite, de neuf à dix-sept ans de plus que la normale ! À l'inverse, en cas de diminution du stress, la longueur des télomères augmente à nouveau. Les extrémités de l'ADN sont donc sensibles aux émotions, les mauvaises comme les bonnes...

Au départ, il y a des mots. Ensuite, il y a des maux

Avant toute maladie et tout symptôme, il y a des mots (« des maux »). Une personne qui dit tout le temps : « Ça me prend la tête » a des chances d'avoir rapidement mal à la tête. Rien n'arrive par hasard et les mots sont là pour nous avertir. Le mental, les mots, le corps : tout est étroitement lié. Je vais à présent vous raconter une anecdote qui en dit long sur les relations entretenues entre stress et pathologies, entre les mots que nous employons pour décrire le stress et les symptômes qui nous frappent...

J'ai un ami infirmier qui travaille dans un hôpital public. Lorsqu'il n'est pas trop occupé, il s'amuse à observer les pathologies physiques créées à partir d'un raisonnement symbolique négatif. Pour faire simple, il s'agit des mots que le patient emploie pour exprimer sa douleur.

Par exemple, un patient souffrant d'un atroce lumbago disait tout le temps : « J'en ai plein le dos ! » De même, ma petite amie, qui souffrait de migraines quotidiennes, se plaignait tout le temps en ces termes : « Ça me prend la tête » ou : « J'ai l'impression que ma tête va exploser ! » On pourrait multiplier les exemples : telle personne « étouffe » dans son environnement familial ou professionnel... et a des crises de panique au cours desquelles elle n'arrive plus à respirer ; chez telle autre, « ça la démange » de changer de vie... et elle a effectivement de l'eczéma ! Pour tous les maux, il y a presque toujours des mots.

Dans ces exemples, on voit bien que la pensée crée le symptôme. Les mots que nous employons créent un symptôme précis, déjà annoncé par les mots.

Faites donc attention à la façon dont vous vous exprimez : soyez attentif à vos mots pour comprendre vos maux.

Ayez conscience de vos sensations

Essayez aussi d'être attentif à vos symptômes, dès qu'ils surviennent. Cela évitera le développement d'une maladie plus sérieuse. Un jour, j'ai rencontré une femme qui souffrait d'un ulcère de l'estomac. Cette femme sous traitement ne comprenait pas pourquoi elle souffrait de cet ulcère. Quand je lui ai demandé de se souvenir de ses premiers maux d'estomac, elle m'a répondu qu'elle ne s'en souvenait plus ! Je trouve ça regrettable. D'autant qu'il était assez simple de comprendre l'évolution de la maladie de cette femme : en fait, elle souffrait de maux d'estomac lorsqu'elle était stressée. Ayant connu un divorce, elle vivait constamment avec cette souffrance provoquée par le stress. De semaine en semaine, son estomac a fini par donner naissance à un ulcère.

Le saviez-vous ? On appelle parfois le ventre notre *deuxième cerveau* ! Car les intestins contiennent plus de 100 millions de neurones et sécrètent quelque 20 neurotransmetteurs identiques à ceux produits par le cerveau. L'intestin produit également 70 à 85 % des cellules immunitaires de l'organisme. D'après le docteur Gershon, neurogastroentérologue new-yorkais et auteur du livre *The Second Brain* (« Le Deuxième Cerveau »), nos deux cerveaux, celui de notre tête et celui de notre ventre, doivent coopérer. Sinon, gare aux douleurs abdominales et aux angoisses !

Même si on n'est pas toujours capable de se calmer et de (di) gérer son stress, il peut être intéressant de comprendre d'où nous viennent nos symptômes : d'analyser notre façon de parler et surtout d'avoir pleinement conscience de notre état (comprendre qu'une pathologie ne survient jamais par hasard). C'est le premier stade de la sagesse.

Si le mental crée de terribles pathologies, il est aussi capable de grandes et belles choses… heureusement !

Voici à présent quelques exercices pour *mieux gérer votre stress*.

Trois exercices pour réduire le stress

Le premier exercice, c'est *la respiration* ! Peu de gens savent respirer comme il faut.

Le deuxième, c'est *visualiser la douleur* pour la faire disparaître ! Vous vous souvenez de mon « bonbon médicament » ? Grâce à lui, je visualisais la douleur dans mon ventre comme une fumée rouge chassée par la fumée bleutée de la menthe.

Le troisième, c'est une *méthode globale* qui allie respiration et prise de conscience.

1ER EXERCICE : LA RESPIRATION

Respirez ! Quand on est stressé, on a tendance inconsciemment à contracter les muscles du ventre… ce qui crée la fameuse « boule au ventre » !

En fait, il va nous falloir apprendre à respirer. Ou plutôt *réapprendre*. Jusqu'à l'âge de 6 ans, notre respiration se fait naturellement : nous avons une *respiration abdominale*, qui est la respiration parfaite. À partir de 7 ans, l'âge de raison et du cours élémentaire, nous changeons… Nous devons nous sociabiliser, nos premières responsabilités apparaissent et, avec elles, nos premiers problèmes : notre respiration devient *thoracique*, donc retenue. Malheureusement, cette respiration thoracique bloque notre diaphragme, donc notre détente !

Je vous invite donc à réapprendre à respirer. Inspirez par le nez profondément en gonflant le bas du ventre (comme si vous respiriez par le bas du bas du ventre). Une fois que le ventre est gonflé, bloquez votre respiration quelques secondes, puis expirez doucement l'air avec votre bouche.

Faites-le une dizaine de fois d'affilée : vous allez vous détendre et évacuer beaucoup de stress.

Surtout, faites bien attention à expirer *tout l'air* de vos poumons, sinon vous allez avoir la tête qui tourne car vous aurez le cerveau trop oxygéné.

Il est plus important d'apprendre à expirer qu'à inspirer ! Les gens inspirent... mais ont parfois tendance à oublier de souffler. Or il est très important de souffler, voire de soupirer, de souffler bien fort et d'essayer de se vider entièrement de l'air qu'on a en soi. Pour cela, on peut utiliser les muscles abdominaux pour contracter son ventre et bien vider l'air résiduel.

Il y a tellement de gens qui n'arrêtent jamais, qui ne se posent pas, qui travaillent trop... et qui n'ont pas un moment pour *souffler*. Ces suractifs ont plus de chances que d'autres de développer des maladies cardiovasculaires, des cancers... D'où l'importance de bien prendre le temps de souffler, souffler, souffler...

D'ailleurs, avant de remplir un récipient, il faut qu'il soit vide, non ? En yoga, on estime que toute bonne respiration commence *par une expiration* (ce n'est qu'en Occident qu'on donne la primauté à l'inspiration).

Appliquez-vous par ailleurs à avoir une *respiration ronde*, rythmée comme le mouvement des pédales d'un vélo. Reprenez votre souffle régulièrement... car nombreux sont les gens qui passent la plus grande partie de la journée en apnée ! Ils retiennent leur respiration comme s'ils étaient sous l'eau.

Votre respiration doit être *autant inspirée qu'expirée*. Cela paraît évident. Elle est comme le mouvement des pédales sur un vélo : ronde. Vous allez vite ressentir les bénéfices de cette respiration.

2e EXERCICE : LA VISUALISATION DU STRESS

Pour aller plus loin, il vous faut localiser l'endroit dans votre corps qui vous gêne ou vous fait mal lorsque vous êtes en état de stress. Prenons l'estomac comme exemple. Il est souvent contracté quand on est stressé.

Reprenez d'abord le même exercice que précédemment : respirez... sauf que cette fois, vous allez en plus fermer les yeux.

Une fois vos yeux fermés, *localisez* l'endroit qui vous fait souffrir et imaginez le *sous forme de couleur*. Par exemple, s'il s'agit d'une douleur à l'estomac, imaginez votre douleur contenue dans l'estomac comme une fumée jaune plus ou moins épaisse.

Imaginez qu'à chaque expiration, cette fumée sort progressivement de votre corps jusqu'à ce qu'il n'y ait plus aucune trace de fumée jaune.

Vous allez vite remarquer que non seulement vous vous détendez, mais qu'en plus vous êtes capable de supprimer une douleur liée au stress.

3e EXERCICE : MÉTHODE GLOBALE

Voyons maintenant une méthode qui commence... quand vous n'êtes pas encore stressé ! Cette méthode permet de repérer les symptômes du stress pour mieux les combattre le moment venu. Elle sert aussi à vous détendre en cas de crise d'angoisse. Cet exercice fait notamment appel aux techniques de respiration que je vous ai énoncées.

1. Prenez conscience :

Dans une position détendue, fermez les yeux et *imaginez que vous êtes stressé*. Dans votre esprit, passez par tous les symptômes du stress que vous ressentez habituellement. Il est important que vous visualisiez la scène et que vous ressentiez de puissantes émotions.

À présent, prenez du recul sur cet état et prenez conscience du fait que vous êtes stressé.

Vous êtes désormais *observateur de votre comportement*. Vous vous voyez comme si vous vous regardiez à la télévision : vous voyez vos symptômes (mais vous ne les ressentez pas réellement puisque vous n'êtes que le spectateur de la scène).

Le fait de vous observer vous permet d'avoir un pouvoir sur vos sensations.

À présent, visualisez-vous calme et détendu : remarquez comme le stress se dissipe.

La prochaine fois que vous vous sentirez stressé, il vous suffira de redevenir l'observateur de vos sensations.

2. Respirez profondément :

Nous avons vu plus haut l'importance de la respiration.

Dès que vous ressentez des symptômes liés au stress, arrêtez ce que vous êtes en train de faire et...

fermez les yeux,

détendez-vous dans votre fauteuil

et prenez 10 inspirations profondes.

L'inspiration profonde et l'expiration profonde vont « nettoyer » votre intérieur. *Le souffle, c'est la vie.* Lorsque nous sommes stressés, notre respiration devient superficielle tout comme notre vie. *C'est le moment de faire de bonnes inspirations et expirations.*

Inspirez par le nez et expirez par le nez.

Cela peut être difficile pour certains d'entre vous, mais faites de votre mieux. Cela vaut la peine ! Dans le yoga, on dit parfois qu'il faut utiliser « la bouche pour manger et le nez pour respirer ».

Si vous ne sentez pas le stress se dissiper, cela signifie que vous n'avez pas respiré correctement.

Recommencez.

Faites 10 bonnes inspirations et expirations profondes.

N'oubliez pas d'expirer autant que vous inspirez.

Si vous ne pouvez pas fermer les yeux pendant l'exercice (au volant, en réunion), vous pouvez toujours vous détendre en vous concentrant simplement *sur votre respiration*.

Si vous êtes en train de discuter avec quelqu'un, *concentrez-vous sur le débit de vos paroles* et ralentissez-les... Sentez-vous de plus en plus présent et calme.

Au contraire, si vous écoutez la personne parler, focalisez votre attention sur les mots que celle-ci utilise : qu'est-ce que ses mots signifient vraiment ? *Concentrez votre attention sur autre chose que sur votre stress*, c'est déjà un bon début... et le stress se dissipera !

3. C'EST LE MOMENT DE PRENDRE DU RECUL ET DE RÉFLÉCHIR :

Après avoir inspiré profondément 10 fois, en étant assis dans votre fauteuil, ou à l'endroit où vous êtes avec les yeux fermés...

Posez-vous cette question : « Pourquoi étais-je stressé ? »

Remontez le fil de votre pensée jusqu'à ce que vous arriviez à trouver la source de votre anxiété.

La prochaine fois que vous sentez que vous commencez à être tendu, arrêtez-vous et analysez la cause de votre anxiété avant de faire vos 10 respirations profondes.

Soyez honnête avec vous-même, c'est important.

Bien souvent, nous savons ce qui a causé nos problèmes mais nous préférons faire l'impasse sur ces raisons et nous laisser envahir par le stress.

Faites face *honnêtement et calmement* à vos problèmes.

4. VIVEZ AU PRÉSENT :

Lorsque nous sommes stressés, c'est souvent pour deux raisons.

1) Nous pensons au passé : « J'aurais dû faire ceci... »

Les sources d'angoisse liées au passé sont nombreuses : « Pourquoi mon conjoint m'a-t-il quitté ? », « Pourquoi mon patron m'a-t-il réprimandé devant tout le monde ? », etc.

2) Nous pensons au futur : « Comment je vais faire pour... »

« Je vais être en retard », « Est-ce que ma mère va guérir de sa maladie ? », « Est-ce que je vais réussir cet examen ? », « Est-ce que j'aurai assez d'argent pour finir le mois ? », etc.

Les causes d'angoisse liées au futur sont encore plus nombreuses !

Transformer les activités désagréables en activités agréables

Une autre source de stress consiste à accomplir certaines taches dans la mauvaise humeur ou en considérant qu'on ne devrait pas les faire. Or, vous le savez, personne n'échappe aux tâches contraignantes ou ennuyeuses. En modifiant votre rapport à ces choses que vous jugez désagréables, vous pouvez complètement transformer votre rapport au monde et surtout venir à bout d'un stress totalement inutile. *Il faut pouvoir transformer vos activités les plus désagréables en activités agréables.*

Comment ?

Voici l'exercice : choisissez une activité qui vous donne du plaisir (faire du ski, jouer aux cartes, faire la cuisine, lire un roman : comme bon vous semble). À présent, observez vos ressentis liés à cette activité. Vous éprouvez du bonheur, de la joie, une sérénité, quelque chose *d'extrêmement positif* en vous et qui ne demande qu'à grandir ? C'est justement le but de cet exercice. Je voudrais que vous travailliez à amplifier vos sensations positives : agrandissez les images, les sons et les sensations positifs liés à cette activité. Puis revisitez-les, « parcourez-les » de plus en plus rapidement. En faisant cela, vous allez *agrandir la sensation de joie* : vous allez ressentir de plus en plus de sentiments positifs.

Quand vous serez confronté à une activité moins agréable (faire la vaisselle, travailler, rencontrer un client difficile...), il vous suffira de refaire fonctionner cette machine à « amplifier les sensations positives », à créer de la joie. Vous vous reconnecterez à ces sensations positives issues de l'activité que vous aimez faire (par exemple faire la cuisine, ou lire). À partir de là, essayez d'appliquer ces sensations positives à l'activité moins aimée (nettoyer par terre, rencontrer à nouveau ce client désagréable) : vous verrez que vous arriverez très vite à rendre celle-ci intéressante et même agréable. Au bout du compte, toutes les activités moins agréables deviendront plus faciles à faire.

3. Contrôler son sommeil

Pas de sérénité et d'énergie sans un bon sommeil ! Le sommeil est indispensable à une bonne santé physique et psychique. Or, aujourd'hui, près d'un Français sur cinq souffre d'insomnie. Plus d'un sur deux a parfois du mal à dormir et à récupérer. Pourtant, comme le dit le proverbe, « la nuit porte conseil ». Le sommeil a de nombreuses vertus. En lui se trouve la solution à bon nombre de nos problèmes. Une nuit réparatrice peut nous aider à surmonter nos angoisses, à repartir du bon pied le lendemain. Je le reconnais, ce n'est pas toujours facile de trouver le sommeil quand on a des soucis. Dans ce chapitre, je vais vous donner quelques astuces auxquelles j'ai eu recours et que j'enseigne à mes patients. Je vais vous livrer quelques clés pour contrôler votre sommeil et passer des nuits plus paisibles.

Avant d'aller plus loin, faisons le point : quelle est la cause majeure de l'insomnie ? C'est bien évidemment le stress. La dépression et les douleurs sont aussi une cause d'insomnie. Mais plus généralement, la majorité d'entre nous a du mal à s'endormir parce que quelque chose ne va pas, parce que nous sommes préoccupés.

Quand le sommeil est perturbé, on a du mal à s'endormir ou on se réveille souvent dans la nuit. Certains aussi se réveillent très tôt au petit matin. Dans tous les cas, on souffre... et notre journée s'en ressent (perte d'énergie, de motivation, concentration difficile, irritabilité, envie de dormir impromptue, etc.).

Si vous vous reconnaissez dans ces lignes, pas d'inquiétude : vous pouvez vous en sortir et retrouver un sommeil calme et apaisant. En fait, l'insomnie se soigne avec quelques exercices très simples.

Je viens de le dire : on dort mal quand « quelque chose ne va pas ». Si on est inquiet, le sommeil sera perturbé. D'ailleurs, beaucoup de ceux qui traversent une passe difficile au travail ou dans leur vie personnelle préfèrent parfois prendre un médicament pour dormir plutôt que de se retourner cinquante fois dans leur lit. C'est dommage : le sommeil est une fonction naturelle que la prise de médicaments ne fait que bouleverser.

D'ailleurs, même si vous ne vous sentez pas inquiet et que vous avez l'impression d'aller bien, si vous n'arrivez pas à dormir, c'est le signal que quelque chose vous perturbe ! L'inconscient vous maintient éveillé car il juge que certains « dossiers » de votre mental doivent être mis en ordre. Vous ne savez pas forcément de quoi il s'agit, mais votre sommeil, lui, le sait : c'est pour cela qu'il vous fuit !

Il y a quelques années de cela, chacune de mes nuits était un véritable calvaire. Il m'était impossible de fermer l'œil. Pourtant, j'avais essayé la tisane, la lecture... Mais quelque chose continuait à parasiter mon sommeil. C'est en comprenant comment je vivais que j'ai réussi à corriger cette insomnie persistante.

J'ai découvert que j'étais perturbé par le projet de déménagement de mon père. Il voyageait beaucoup et son travail l'amenait à aller de plus en plus souvent en Chine. Il était prévu qu'il aille peut-être vivre quelque temps là-bas ! Je n'arrêtais pas de penser à ça : je me retournais le cerveau à imaginer ma vie sans lui. Je pensais à nos habitudes familiales qui allaient être chamboulées, à mon père qui risquait de se retrouver seul au bout du monde... Cela me rendait d'une certaine manière anxieux et je n'admettais pas ce changement.

Petit à petit, j'ai élaboré une méthode pour m'endormir... sans médicament, bien sûr ! Je l'ai enseignée à de nombreuses personnes et elle est très efficace ! La voici :

Pour s'endormir, il faut se sentir bien dans son corps et donc être détendu. Le fait de contrôler ses pensées est très utile : arrêter de penser, faire le vide dans sa tête... c'est important. À l'inverse, plus vous vous dites : « *Il faut que je dorme* » et moins vous y parvenez.

Je me souviens que, quand j'étais petit, ma maman me disait : « Si tu n'arrives pas à t'endormir, compte les moutons ! » Je ne sais pas ce qu'il en est pour vous, mais pour moi cette méthode ne fonctionne pas. Et puis compter de pauvres moutons (en les empêchant eux aussi de dormir !), franchement, ce n'est pas très gai ! Plutôt que l'addition des moutons, c'est donc pour la *soustraction de nombres* que j'ai opté. C'est une technique qui fonctionne bien car elle est très ennuyeuse. Et qui dit ennui dit forcément : « Bonne nuit les petits ! »

On y va ? Vous allez, voir c'est efficace.

Choisissez votre chiffre préféré et ajoutez-lui trois zéros.

Pour moi, c'est le chiffre 7.

Cela donne donc 7 000.

À partir de ce nombre, vous enlevez 3 à chaque fois... jusqu'à 0 !

7 000 ; 6 997 ; 6 994 ; 6 991...

Mais ce n'est pas tout : imaginez chaque nombre avec une couleur différente. Cela oblige à un effort de concentration supplémentaire.

Attention, si vous vous trompez, vous devez tout recommencer depuis le début !

Cette méthode a le mérite de vous distraire des pensées parasites. Vous essayez de focaliser sur les nombres. Bien sûr, à un moment donné, vous allez avoir de plus en plus de mal à vous concentrer. Ne résistez pas. Essayez de continuer à soustraire... mais pas trop. Rapidement, vous devriez sombrer dans le sommeil.

Bonne nuit.

À ne pas faire avant de dormir

Un bon sommeil se prépare, c'est comme un rituel. Avant d'aller au lit, ne faites pas n'importe quoi. Soyez détendu dans l'heure qui précède, si possible.

Évitez de regarder la télévision trop longtemps. De même, évitez de surfer sur Internet ou de travailler sur ordinateur juste avant de vous endormir : votre cerveau sera trop actif et il mettra du temps à préparer la phase de sommeil.

D'après une étude de la National Sleep Foundation (États-Unis), nous sommes encore beaucoup trop nombreux à être devant les écrans à une heure avancée de la nuit… 95 % des citoyens américains utiliseraient internet ou leur smartphone avant de se coucher, 2/3 des Français regardent la télé juste avant de dormir. Cela peut avoir une influence néfaste sur la santé : en effet, l'exposition à une lumière artificielle directe (écrans) avant de dormir empêche la mélatonine (hormone de l'endormissement) de se répandre efficacement dans le corps. Nous demeurons éveillés et notre sommeil est retardé d'une heure en moyenne !

Dans la chambre, bannissez donc autant que possible les appareils électroniques (télévision, ordinateur). Avant de dormir, cela vous obligera à lire… ou à faire des câlins à votre chéri(e). Le saviez-vous ? La télévision dans une chambre diminue de moitié les relations intimes entre époux !

Bien sûr, évitez à tout prix le thé ou le café après le repas du soir, sinon, vous deviendrez une véritable pile électrique. Surveillez votre consommation de caféine ou de théine au cours de la journée : en général, il n'est pas conseillé de boire du thé ou du café après 6 heures du soir. Un léger surplus en excitant retardera d'autant votre endormissement.

Enfin, si vous êtes fumeur, ne fumez pas « une dernière cigarette » avant d'aller vous coucher. Si vous ne pouvez pas vous en passer, essayez de vous laver les dents juste avant d'aller vous coucher (même si vous vous êtes déjà lavé les dents après le repas) : cela peut être une technique, une sorte de rite pour faire disparaître la dernière cigarette de la journée.

Conseils pour se préparer au sommeil

De très nombreuses personnes lisent un livre avant de s'endormir. Essais, littérature, BD... tout est bon à lire (à part peut-être les polars trop angoissants ? Je sais qu'il y en a qui adorent ; personnellement, cela me semble un peu perturbant). Quant à moi, ma technique est celle-ci : j'essaie de lire un livre *ennuyeux* ! C'est de famille : chaque année, mon père achète des livres sur l'Égypte antique et, dès qu'il s'y plonge, je le vois doucement piquer du nez, puis s'endormir au bout d'une quinzaine de minutes.

À mon sens, les livres « académiques » préparent particulièrement bien au sommeil (encyclopédies, ouvrages théoriques...). Ils vont épuiser vos dernières ressources de concentration et il sera temps pour vous de rejoindre les bras de Morphée.

Je vous conseille aussi de boire une boisson chaude avant d'aller vous coucher (ni café ni thé) : ce peut être un lait chaud ou une tisane. La chaleur dans le corps favorisera le sommeil.

Je vais maintenant vous proposer une technique de relaxation complète. Ce n'est pas juste un « truc » pour s'endormir : c'est un exercice plus profond, qui mobilise le corps et l'esprit et qui est propice au sommeil.

> Voilà. C'est l'heure d'aller vous coucher.
>
> Éteignez tout appareil électrique (même la veilleuse de votre téléviseur) : les champs magnétiques des appareils peuvent exciter votre cerveau et vous empêcher de vous endormir correctement.
>
> Une fois dans votre lit, détendez-vous complètement.
>
> Il vous suffit de passer en revue tout votre corps et de l'imaginer se détendre (vous allez ainsi ressentir chaque muscle se détendre un à un).

Visualisez bien chaque partie de votre corps : commencez par les pieds et remontez jusqu'à votre nuque. Prenez le temps de bien inspirer et expirer. Ralentissez progressivement votre respiration.

Lorsque vous êtes bien détendu, que vous avez ressenti chaque partie du corps et que votre respiration est régulière, prenez du recul sur votre façon de penser.

Vous le savez : notre pensée est une sorte de petite voix intérieure, c'est comme quelqu'un qui parle en nous.

Si vous êtes vraiment détendu, cette petite voix est maintenant tranquille, elle parle tout doucement et lentement.

À l'inverse, si la pensée n'est pas calmée, images, sons et sensations continuent à défiler à toute vitesse dans votre tête. Vous n'êtes pas prêt à vous endormir car votre cerveau est toujours actif.

Vous devez donc ralentir le cours de votre pensée. Pour cela, ralentissez votre voix intérieure : vous vous efforcez de ralentir cette voix, comme si vous vous parliez à vous-même *mais très lentement*. Vous vous parlez lentement comme si, dans la vie, vous deviez parler plus lentement à quelqu'un qui vous demande de ralentir.

Pensez tout simplement à cette parole qui ralentit en vous. Calquez-vous sur votre respiration.

Une fois que votre voix intérieure s'est calmée et parle vraiment lentement, dites-vous cette phrase :

« Les solutions à mes problèmes me viendront pendant mon sommeil. »

Maintenant, imaginez-vous sortir de votre corps en volant. Et regardez-vous.

Lorsque je dis « regardez-vous », je vous demande tout simplement de vous imaginer en train de vous regarder vous endormir. C'est comme si vous étiez l'homme invisible et que vous regardiez votre clone dormir. Vous êtes alors dissocié de votre corps : vous l'admirez s'endormir petit à petit.

Observez-vous doucement, lentement, vous endormir...

Je vous laisse quelques minutes pour rejoindre rapidement les bras de Morphée.

Quel est le secret de cette technique ?

Cette technique que je viens de vous exposer est vraiment efficace. Pourquoi ?

D'abord, elle repose sur la détente du corps : le fait de détendre son corps va automatiquement détendre aussi l'esprit.

Ensuite, le fait de ralentir *volontairement* sa pensée permet tout simplement de ralentir l'activité cérébrale.

Enfin, le fait de s'imaginer sortir de son corps est une façon simple de se dissocier : cette dissociation entraîne un état modifié de conscience qui a pour objectif le sommeil.

Et si j'ai du mal à me lever le matin ?

Il y a ceux qui ont du mal à s'endormir. Mais il y a aussi l'immense majorité qui n'arrive pas à se réveiller et qui est toujours en retard au bureau !

Combien d'entre nous ont du mal à s'arracher au sommeil le matin, à avoir un bon rythme de vie réglé sur des heures de lever correctes ? Pour avancer dans la vie, il faut bien dormir... mais aussi savoir se lever !

Je voudrais tout d'abord vous poser quelques questions :

– Comment savez-vous que vous êtes éveillé ?

– Quelle est la première chose dont vous êtes conscient lorsque vous êtes éveillé ?

– Est-ce la sonnerie du réveil qui vous réveille ou vous réveillez-vous tout seul ?

Si vous répondez simplement : « Je sais que je ne dors plus », j'ajouterai une dernière question :

– Comment savez-vous que vous ne dormez plus ?

En fait, nous avons tous une voix intérieure qui nous parle à l'oreille quand nous nous réveillons.

Cette voix vous parle-t-elle lentement ? Est-elle douce et son ton est-il monocorde ? Dans ce cas... vous n'êtes pas levé ! C'est tout simple : imaginez qu'on vous parle très lentement et très doucement... vous allez plutôt avoir envie de dormir, non ?

Nous allons donc faire en sorte que cette « petite voix » vous parle autrement. Et sur un autre ton !

Au réveil, faites-la hurler : « Hé, tu vas te bouger les fesses de là ! »

Je vous assure qu'il ne vous faudra pas trois cafés pour être frais et dispo afin d'attaquer la journée.

Si vous entendez cette voix intérieure dans l'oreille gauche, à vous de décider de l'entendre ailleurs... et pourquoi pas dans votre orteil par exemple. Cela peut renforcer l'effet de la suggestion.

Si vous voulez être *motivé et attaquer d'emblée une bonne journée* active et créative, réglez donc d'avance le volume de votre voix intérieure au maximum... un peu comme vous régleriez votre réveil à fond !

Petit à petit (et peut-être même dès le premier matin !), cette programmation va agir : dès que vous sentirez que vous ne dormez plus, vous allez bondir du lit !

À l'intérieur, quelqu'un vous aura hurlé de vous lever tout de suite, « ALLEZ, ALLEZ ! ».

Il suffit parfois de *reprogrammer la façon dont nous communiquons avec nous-mêmes* pour mettre en œuvre de véritables changements...

Nous allons à présent aborder un chapitre très important : *la gestion des peurs* et des phobies qui, parfois, gâchent la vie et, presque toujours, empêchent l'action.

4. Gérer et neutraliser ses peurs

La peur est l'une des émotions les plus ancestrales chez l'homme. Nous avons tous ressenti la peur au cours de notre vie. Parfois, nous avons eu envie de la défier…

La peur ne présente pas que des inconvénients : elle peut nous avertir du danger, nous amener à renforcer notre vigilance quand nous conduisons, à nous éloigner de gens mal intentionnés… Mais, au quotidien, elle peut s'avérer handicapante : elle nous empêche d'agir, déclenche en nous des réactions de fuite ou d'agressivité extrême ou encore nous empêche de vivre une belle histoire…

Si la peur nous envahit trop souvent, elle peut avoir un effet néfaste sur le système immunitaire ! Une inhibition prolongée de l'action (quitter son patron qui vous harcèle, être tétanisé par la rencontre de filles ou de garçons…) aura un effet négatif sur le système hormonal en élevant le taux de glucocorticoïdes dans le sang. De manière plus générale, l'inhibition est source de pathologies. Un maçon qui n'arrivait plus à monter sur les chantiers, par peur du vertige, a vécu une grave dépression : pour guérir, il a dû comprendre l'origine de sa peur… La peur survient parfois par manque d'informations (j'ai peur dans le noir car *je ne sais pas* ce qu'il y devant moi, dans la pièce, etc., alors que la pièce est tranquille et anodine). Elle peut aussi survenir du fait d'un excès d'informations (le journal télévisé, qui délivre une dose quotidienne d'informations hors contexte).

Peur et phobie : ce n'est pas tout à fait la même chose

On peut avoir peur dans une situation donnée, quand un inconnu nous menace dans la rue, quand une femme nous impressionne et nous fait « un peu peur », quand notre patron au travail nous intimide...

En revanche, la phobie (du grec *phobos,* « la peur ») est un sentiment pathologique, une réaction disproportionnée, une peur appliquée à un objet précis et qui a valeur de symptôme : on peut (sans raison réelle) avoir la phobie des insectes, de l'avion, du noir, des requins...

Par exemple, on entend souvent des gens dire : « J'ai la phobie des araignées ! » Or, en France, les araignées ne représentent aucun danger pour l'homme !

Quand la phobie devient source d'angoisses très importantes et mal maîtrisées, elle est alors pathologique. Il y a d'ailleurs toutes sortes de phobies répertoriées par la science : la peur pathologique des araignées (*arachnophobie*), la peur des serpents (*ophiophobie*), la peur des aiguilles (*bélénophobie*), la peur du noir (*achluophobie*), etc.

Techniques pour maîtriser sa peur

Pour maîtriser sa peur, il existe des techniques éprouvées, développées par la psychologie cognitive et comportementale.

Qu'il s'agisse de peur ou de phobie, en pratiquant ces techniques, vous devriez arriver à être un peu plus maître de vous-même.

D'abord, sachez qu'il existe trois formes de réactions principales face à la peur :

– l'immobilisme : on reste tétanisé et statique parce qu'on a vraiment peur ;

– la fuite : on part en courant parce qu'on a peur ;

– l'affrontement : on affronte sa peur.

Pour savoir quelle sera votre réaction, imaginez une situation panique. Est-ce que vous partez en courant, est-ce que vous restez figé ou est-ce que vous affrontez la situation ?

Vous en savez déjà un peu plus sur votre peur… ou sur votre type de peur.

Pour aller plus loin, sachez qu'il existe une technique simple pour réduire la peur jusqu'à l'annuler. Généralement, lorsque l'on a peur de quelque chose, on s'en fait une montagne. On est submergé d'informations négatives hors contexte qui entretiennent la peur. Pour supprimer cette « montagne de peur », voici donc la démarche à suivre :

– fermez les yeux et observez cette peur qui est « géante » ou du moins disproportionnée ;

– maintenant faites la *rétrécir de plus en plus*… jusqu'à ce qu'elle ne soit plus qu'un point à peine visible.

Voici à présent un autre exercice : il consiste à transformer sa représentation de la peur de trois manières différentes.

Entraînez-vous chez vous quand vous êtes bien tranquille. Ayez à l'esprit une situation de peur. Repensez à cette situation : le jour où vous avez dû dormir tout seul dans une grande maison isolée à la campagne, le soir où vous avez cru que vous alliez vous faire agresser dans la rue par deux hommes très violents, le jour où avez failli avoir un accident à moto avec votre cousin… qu'importe ! Chacun a connu de multiples situations de peur. Prenez la plus marquante (ou celle dont vous vous souvenez le mieux, que vous avez envie de traiter maintenant).

Ça y est, vous vous rappelez cette situation de peur ? Voilà comment la traiter… et l'anéantir !

OPTION A : TRANSFORMEZ TOUTES LES IMAGES NÉGATIVES EN IMAGES POSITIVES…

Vous faites comme si votre peur était en réalité un ange gardien dont la mission était de vous prévenir de certaines situations. Exemple : vous avez failli vous faire agresser dans la rue. Certes vous avez eu peur, mais votre ange gardien vous a averti de la situation, il vous a aidé à être vigilant, il vous a peut-être aussi communiqué sa force, son calme, etc. Vous voyez ? La situation de peur est devenue réellement positive. Souvenez-vous-en pour la prochaine fois... et sachez que la peur est parfois bonne conseillère.

OPTION B : IMAGINEZ LE PIRE SCÉNARIO...

Vous avez failli vous faire agresser dans la rue ? Imaginez que c'est vraiment arrivé, que ces deux hommes se sont jetés sur vous, vous ont volé votre portefeuille, voire vous ont molesté. Vous en frissonnez déjà, n'est-ce pas ? Ces deux types sont fous, ils s'acharnent, sur vous, etc. Maintenant, prenez un peu de recul : OK, vous avez imaginé le pire. Vous avez tellement exagéré la situation que la peur devient finalement... un peu ridicule, non ? Car il y a peu de chances que le pire advienne (on vous aurait peut-être demandé une cigarette, ou un peu d'argent, on vous aurait « dépouillé »... mais rien de beaucoup plus grave au fond). Et plaie d'argent n'est pas mortelle ! Vous le voyez : imaginer le pire remet aussi la peur à sa juste place.

OPTION C : RENDEZ VOTRE PEUR COMIQUE.

J'en ris déjà. Je pense à votre réaction : « Mais comment trouver ça drôle alors que j'ai tellement peur ! »

C'est tout simple : sortez de votre sphère personnelle et pensez à ceux qui n'ont pas peur. Combien sont-ils ? Ceux qui n'ont pas peur ne sont-ils pas au fond plus nombreux que ceux qui ont peur ?

N'êtes-ce pas vous qui êtes un peu ridicule, avec votre peur ? Imaginez-vous en situation... et essayez de rendre la situation la plus comique possible !

Un dernier mot sur la peur : saviez-vous que le cerveau ne fait guère de différence entre ce qu'il imagine et ce qu'il vit réellement ? Quand on regarde un film d'épouvante, rien n'est réel... et pourtant on a vraiment peur ! Seul le néocortex sait qu'il n'y a pas de danger. Les cerveaux limbique et reptilien vivent l'angoisse, la peur, l'horreur, l'émotion à un niveau très intense. C'est aussi pour cela qu'il est très facile de maîtriser sa peur : il suffit de modifier « le film » qu'on se fait de la situation pour ne plus avoir peur !

5. Maîtriser le temps

Saviez-vous que les Grecs avaient personnifié le temps sous les traits du dieu Chronos ? Le temps est une force contre laquelle l'homme est bien impuissant. Le temps défile et ne peut être stoppé. On a souvent rêvé de remonter le temps... voire d'aller explorer l'avenir. Mais le temps va à son rythme : on ne peut ni l'accélérer ni le ralentir. Nous allons réfléchir ensemble à quelques clés permettant de mieux gérer le temps au quotidien. Il est essentiel de pouvoir maîtriser son rythme de vie : en effet, les scientifiques ont remarqué que les gens organisés sont plus heureux que la moyenne. Ils vivent aussi plus longtemps !

Pour ma part, j'ai fréquemment entendu dans la bouche de mes amis des phrases comme celles-ci :

« Je n'ai pas le temps. »

« Le temps passe vite, je n'ai le temps de rien faire. »

« Je n'ai pas une minute à moi ! »

« Mon boulot me prend tout mon temps et je n'ai pas de temps libre. »

« J'aimerais, mais je n'ai pas le temps avec tout ce que j'ai à faire aujourd'hui... »

Le temps a bon dos ! Il est facile de l'accuser de la plupart de nos maux. Le temps est souvent perçu comme un ennemi sournois qui adore nous mettre des bâtons dans les roues. Vous aussi, vous avez certainement déjà prononcé l'une des phrases ci-dessus... Cependant, lorsque vous aurez terminé la lecture de ce chapitre, vous n'aurez plus aucune excuse pour dire : « Je n'ai pas le temps. »

Nous avons toujours le temps. Mais il faut pour cela respecter et organiser au mieux ce temps dont nous disposons. Voyons cela de plus près.

Faites un agenda

Pour gérer votre temps, vous devez commencer *par savoir ce que vous faites réellement de votre temps*. Pour cela, prenez simplement l'habitude d'établir votre emploi du temps sur une feuille de papier ou, mieux, dans un agenda. Notez très clairement les choses que vous avez à faire dans une journée. Il est prouvé que les gens qui écrivent leurs objectifs ont *33 % de chances de plus de les réaliser* que ceux qui les ont simplement formulés à voix haute, par exemple (étude de la Dominican University de Californie) !

Pour un jour donné, indiquez les horaires : les horaires imposés (rendez-vous chez le dentiste, séance de gym de telle heure à telle heure avec mon coach)... tout comme les horaires que vous vous êtes vous-même fixés (« j'ai envie de faire deux heures de musique le vendredi matin de 10 à 12 », par exemple).

Quand vous aurez fait cela, vous aurez déjà un bon recul. Peut-être réaliserez-vous alors que malgré tous ces rendez-vous prévus, toutes ces activités programmées, il reste encore plein de « blanc » dans votre agenda : en établissant votre emploi du temps, vous verrez qu'il y a de nombreux moments dans la journée ou dans la semaine au cours desquels vous ne faites strictement « rien ».

Vous allez peut-être me dire qu'établir son emploi du temps, c'est déjà une perte de temps ! C'est une contrainte, quelque chose d'absorbant et d'ennuyeux que vous n'aurez pas envie de faire toutes les semaines (ni tous les jours). En réalité, ce n'est qu'une *toute petite contrainte*. Mais c'est surtout un investissement : un *investissement sur le temps*. En écrivant votre emploi du temps, vous dépensez quelques minutes, c'est vrai. Mais ces quelques minutes pourront vous rapporter de précieuses heures ! Un emploi du temps clair mettra au jour des *heures entières de disponibilité*... pendant lesquelles vous pourrez faire quelque chose de constructif pour votre vie : travailler à un nouveau projet, pratiquer un sport, voire, pourquoi pas, aider les autres ?

Je sais bien que beaucoup de gens n'aiment pas rédiger leur emploi du temps. Ils estiment qu'ils deviennent alors *esclaves du temps*. Mais au fond, nous sommes tous esclaves du temps ! Quoi qu'il advienne, nous naissons, nous vivons et nous mourons. Entre la naissance et la mort, il y a un certain capital de temps, variable pour chacun d'entre nous, dont il faut profiter au mieux. Le temps qui nous est imparti est extrêmement précieux. Chaque minute compte. D'où la nécessité d'organiser et de respecter ce temps. Cela ne veut pas dire pour autant qu'on va devenir esclave de son agenda : esclave du temps peut-être, mais pas esclave de son *emploi du temps* !

Ne remettez pas au lendemain

Une fois que vous aurez établi votre agenda, vous verrez que vous agirez beaucoup plus : vous remettrez moins au lendemain ce que vous pouvez faire le jour même. N'oubliez jamais : *il faut vivre l'instant présent*. Votre vie est ici et maintenant.

Ainsi, lorsque vous avez quelque chose à faire, faites-le *dans l'instant*. Vous verrez, ça soulage. Vous serez fier d'avoir agi sans délai. Surtout, vous serez débarrassé de la pensée de la chose en suspens, de la chose à faire que l'on va faire peut-être demain, peut-être tout à l'heure, peut-être après-demain... Bien souvent, quand on repousse le moment d'agir, on continue à penser à ce que l'on doit faire et cela pèse sur notre journée. Autant donc agir tout de suite !

D'ailleurs, une étude canadienne a prouvé que les gens qui « procrastinent » (qui remettent au lendemain) sont plus pauvres, plus gros et moins heureux ! Raison de plus pour agir sans délai...

Faites les choses pas à pas

N'essayez pas non plus de prendre une avance inconsidérée en essayant de faire en un seul jour *tout ce qui est prévu pour la semaine* ! Vous feriez les choses trop vite, à moitié, avec du stress et cela n'est pas franchement réjouissant. La même étude canadienne a prouvé que les perfectionnistes qui veulent faire un maximum de choses en un minimum de temps en paient souvent le prix psychique... et sont plus angoissés que les autres !

Vous l'avez compris : faites donc les choses une à une, comme elles apparaissent dans votre agenda.

Et qu'arrive-t-il en cas d'imprévu ?

Bien sûr, il se peut qu'un imprévu survienne. Pas de panique ! Gérez l'imprévu comme il se présente. Et reportez simplement les activités prévues... sur les cases « blanches » de l'agenda, là où justement « rien » n'était prévu !

Donnez la priorité aux « gros chantiers »

Une fois que vous avez établi votre agenda, vous disposez d'une bonne visibilité et d'une bonne maîtrise de votre emploi du temps. Mais il y a un « truc » pour gagner encore plus de temps : c'est de toujours donner la priorité aux choses les plus importantes. Essayez de faire en premier ce qui est le plus difficile, le plus essentiel, ce qui demande parfois le plus d'effort...

Par exemple, si dans une journée vous devez aller chez le dentiste, rendre visite à votre mère et écrire une lettre de motivation pour obtenir un travail que vous désirez plus que tout, il est évident qu'il faut en priorité se concentrer sur la lettre : c'est elle qui va vous demander le plus d'effort, le plus d'implication... et qui aura le plus de conséquence sur votre avenir ! C'est aussi l'activité la plus créatrice. Au fond, la visite chez le dentiste ou chez votre mère ne sont que des moments plus ou moins agréables à passer, des rendez-vous que vous pouvez honorer à tout instant...

Prenez donc l'habitude au début de la semaine, en consultant votre agenda, de bien repérer les « chantiers » les plus importants qui vous attendent. C'est à eux que vous devez donner votre priorité... et c'est eux que vous devez entamer dès que vous le pouvez !

D'autres conseils pour gagner du temps...

Adaptez-vous aux contraintes du réel

Imaginons que vous alliez au travail en voiture. Tous les matins, vers 9 heures, le trajet vers le bureau est embouteillé. Que faire ? Il y a deux solutions : soit vous profitez de l'embouteillage pour écouter une émission intéressante dans la voiture, pour chanter à tue-tête, pour vous concentrer sur un problème en particulier... soit – encore mieux – vous essayez de vous lever plus tôt pour ne plus avoir à subir cet embouteillage. Vous pouvez aussi troquer la voiture pour les transports en commun. Les embouteillages sont une contrainte provoquée par le réel qui pèse sur l'emploi du temps. En arrivant plus tôt au travail, avant les « bouchons », vous aurez libéré une nouvelle plage de temps qui pourra vous être bénéfique (pour avancer sur un dossier ou au contraire pour lire, pour écouter de la musique, pour faire quelques courses avant l'ouverture du bureau). *Sachez planifier au mieux votre agenda en fonction des contraintes du réel... et adaptez-vous !*

Ne faites pas « tout, tout seul » !

Dans le couple, en famille, au travail... apprenez à déléguer. Apprenez à solliciter les autres pour accomplir des tâches peut-être mineures... mais qui vous mettraient en retard si vous deviez interrompre un projet important pour vaquer à cette occupation. D'autres le feront aussi bien que vous... et seront contents de voir que vous leur faites confiance en déléguant ou en sollicitant leur aide.

Gagnez en productivité !

Vous avez une heure pour finir cette lettre de motivation ? Essayez de faire aussi bien en trente minutes. Vous en êtes certainement capable. Comme un sportif, essayez de dépasser vos limites... et de faire *davantage en moins de temps*.

Organisez-vous autrement

Vous avez envie de faire du sport, mais ne pouvez résister à l'envie de regarder un film à la télévision ? C'était justement le dilemme de mon ami Alexis. Je lui ai conseillé de faire du sport dans son salon pendant qu'il regardait un film. Il a pu ainsi joindre l'utile à l'agréable...

Et si maintenant, on s'occupait un peu de la mémoire ? Oui, cette fameuse mémoire qui nous fait parfois défaut avec l'âge... mais qu'on sollicite aussi beaucoup quand on est au lycée ou à la fac ! La mémoire est un outil qu'il ne faut pas laisser rouiller... et qui se travaille, bien sûr ! C'est une arme essentielle du mentaliste.

6. Développer sa mémoire

La mémoire est un maillon essentiel de notre vie. Indispensable au souvenir, elle est un processus qui ne s'arrête jamais, qui commence au jour de la naissance pour ne s'achever qu'au jour de la mort. Dans certaines thérapies sous hypnose, des patients sont capables de se remémorer des souvenirs très anciens (chocs ou traumatismes de la petite enfance, par exemple). Dans la mémoire, rien ne s'efface. Raison de plus pour apprendre à faire fonctionner cette mémoire, à entretenir une bonne relation avec elle.

Aujourd'hui, on parle beaucoup d'alzheimer (une maladie où l'on « perd la mémoire » même si l'on conserve parfois le souvenir de choses vécues dans un passé très ancien). Quand on vieillit, même si on n'est pas atteint d'une maladie dégénérative, on oublie des noms, on a du mal à se rappeler de choses précises (chiffres, dates). C'est pour cela que l'on conseille aux personnes âgées de faire travailler leur mémoire. On leur propose des exercices, des revues avec des jeux pour stimuler l'intellect, etc.

À ce jour, on ne sait toujours pas très bien *où* les souvenirs « s'impriment » dans le cerveau. Mais ce que l'on sait, c'est que la mémoire fonctionne sur un principe d'association. Qu'est ce qui compose un souvenir ? La vue, l'ouïe, l'odorat, le toucher, le goût... La mémoire implique les sens et un souvenir est un ensemble de *stimuli sensitifs*. Parfois, une odeur suffit à faire surgir tout un souvenir. Bien sûr, on se souvient des phrases qu'on nous a dites et des chansons de notre jeunesse (ouïe), des paysages qu'on a traversés (vue), de l'odeur d'un parfum que notre mère ou notre petite amie portait... Avant toute chose, il faut se dire que le souvenir n'est pas une chose « froide », comme une leçon apprise par cœur : c'est un processus où les sens sont en éveil.

Mais alors pourquoi j'oublie ?

Le souvenir est bien là, encodé dans notre cerveau. Mais on est incapable de le retrouver, de savoir où notre mémoire l'a rangé...

Imaginez un ordinateur avec des centaines de milliers de fichiers. Quand vous n'arrivez pas à retrouver un texte que vous avez écrit ou une vidéo qu'on vous a envoyée, vous activez la fonction recherche. Mais il faut pour cela que vous vous souveniez *du nom* du fichier...

Pour la mémoire, c'est un peu pareil : avant d'activer la fonction recherche, il faut essayer d'associer le souvenir manquant (le nom d'une chanson, d'une personne...) aux stimuli associés. Essayez de réécouter cette chanson et les paroles vont vous revenir, peut-être le titre. Essayez de revivre la situation où vous avez rencontré cette personne et vous allez peut-être entendre à nouveau sa voix, les phrases que vous vous disiez : son prénom surgira alors comme par magie !

D'ailleurs, très souvent, on croit avoir oublié, on ne se rappelle pas sur le moment... et puis : « Eurêka, je me rappelle ! », le souvenir est revenu. La mémoire est une fonction subtile.

Conseils pour apprendre et se souvenir efficacement

Pour apprendre et se souvenir efficacement, il faut associer un maximum de stimuli.

Associez *plusieurs sens pour apprendre* (tels que la vue, l'ouïe et le toucher)... et si vous pouvez associer aussi le sentiment de joie ou de bien-être, cela sera encore plus productif.

Exemple : Vous devez apprendre un texte.

Lisez les lignes à haute voix en les écrivant sur une feuille avec plaisir. Vous associerez la vue, l'ouïe (haute voix), le toucher (écriture) et le plaisir.

Vous devriez facilement retenir ce texte car les diverses sensations vécues aideront à l'inscrire en vous.

Autre exemple : Vous devez créer un mot de passe avec des chiffres.

Bien sûr, vous pouvez choisir votre date de naissance. Mais imaginons que ce mot de passe soit déjà pris. Vous pouvez choisir alors le numéro de votre rue (ex. : 12), le numéro du département où vous passiez vos vacances étant enfant (ex. : 34), le nombre de fois où vous êtes allé en Espagne (ex. : 05)... Vous allez voir, vous allez vous rappeler sans problème ce code à 6 chiffres ! Car à chaque fois, votre mémoire s'appuiera sur du vécu (donc sur des images, des sensations...). C'est ce qu'on appelle aussi un moyen mnémotechnique.

Travaillez votre mémoire :

Pour stimuler vos souvenirs, il existe de nombreux moyens. Notamment Internet !

Sur le Web, vous pouvez mettre à l'épreuve votre culture musicale grâce à des sites qui vous proposent des quiz musicaux afin de retrouver interprètes et titres.

Il existe aussi des quiz scientifiques, historiques, géographiques, politiques...

Petite astuce pratique :

Lorsque vous voulez retenir ce que vous voyez autour de vous, sachez que *le clignement des yeux* a pour fonction de « photographier ». Plus vous clignez des yeux, plus vous êtes capable de développer votre mémoire visuelle.

Le clignement enregistre l'image afin de l'associer à d'autres stimuli.

Essayez de temps en temps, vous serez étonné !

Des scientifiques ont par ailleurs montré que les mouvements horizontaux des yeux sont susceptibles de faire communiquer plus efficacement les deux hémisphères du cerveau. Pour mémoriser efficacement un texte, bougez vos yeux horizontalement de gauche à droite et de droite à gauche pendant trente secondes après avoir lu votre texte… Votre mémorisation devrait en être améliorée.

7. Pratiquer l'autohypnose pour évoluer

Nous allons maintenant pénétrer dans un endroit à la fois secret et familier : votre inconscient. Pour atteindre ce lieu puissant et magique, source de tant de réalisations mais aussi parfois de blocages ou d'interdits, il faut un outil adapté. Cet outil, c'est l'autohypnose, qui permet d'entrer en état modifié de conscience : grâce à lui, les portes de votre inconscient vont s'ouvrir toutes grandes ! Mais clarifions d'abord ces termes « d'état modifié de conscience »...

Qu'est-ce que l'état modifié de conscience ?

On vous a déjà sûrement fait la réflexion suivante : « Dis donc, toi, tu ne serais pas un peu dans la lune ? » Si c'est le cas, je comprends que cette remarque ait pu vous amuser. Car, en réalité, vous étiez bien sur la lune ! Vous étiez en quelque sorte sur une autre planète à des milliers de kilomètres imaginaires. Oui : vous étiez très loin, à l'intérieur de vous-même. Vous étiez peut-être en train de penser à quelqu'un d'autre, d'attendre la fin du cours, de la réunion de travail ou de réfléchir à un problème particulier... Vous étiez en train de voyager *au plus profond de vous-même* et cette sensation était agréable. En fait, vous étiez en état modifié de conscience (ou EMC) !

L'état modifié de conscience : un phénomène au quotidien

Nous sommes tous en EMC plusieurs fois par jour. C'est un réflexe vital de l'esprit et du corps. Sans lui, nous n'arriverions jamais à « décrocher » d'une idée, à faire un break dans nos obsessions. L'EMC est comme un moment d'évasion, un instant d'oubli ou une sensation de détente. Raison de plus pour le pratiquer volontairement par le biais de l'autohypnose ! Car celui-ci est indispensable au bon fonctionnement cérébral.

Je vais vous donner à présent des exemples d'EMC tout à fait banals. Lorsque vous allez au cinéma et que vous êtes projeté dans le film, c'est-à-dire que vous ne prêtez plus attention aux gens dans la salle ni au temps qui s'écoule, vous êtes en EMC. On pourrait dire aussi que vous êtes en transe : une transe calme et heureuse où votre esprit voyage grâce au film. Voici un autre exemple : vous êtes tranquillement assis devant votre écran d'ordinateur, occupé à un travail qui vous captive. Le temps passe, vous ne décollez pas les yeux de l'ordinateur. Quand vous levez le nez, vous avez l'impression d'être resté dix minutes absorbé dans votre tâche… En réalité, cela fait plus d'une heure que vous êtes à l'ordinateur ! C'est aussi le signe d'un véritable EMC.

En thérapie, ces EMC permettent au thérapeute d'accéder à l'inconscient du patient : en effet, l'inconscient ne comprend que le langage simple, métaphorique et symbolique, c'est par conséquent le lieu idéal pour recevoir les suggestions et amener à un changement durable.

Mais on peut aussi s'hypnotiser soi-même et accéder, sans l'aide d'un thérapeute, à des états de transe pour développer des potentiels cachés, améliorer une performance ou développer une nouvelle habitude positive.

L'autohypnose ouvre les portes de l'inconscient

Parlons donc de l'autohypnose. C'est une technique qui permet de créer volontairement un EMC puis d'entrer en contact avec l'inconscient. Voici comment ça marche. À l'état normal de veille, nous sommes en contact avec 20 % de notre cerveau. C'est comme si pour parler, bouger, manger, réfléchir, communiquer, nous n'avions besoin que d'un cinquième de ce cerveau, une sorte de « mémoire vive » sollicitée en permanence pour l'activité consciente. Pendant la journée, les couches plus profondes de la personnalité restent comme « endormies » : elles se réveillent la nuit lors des rêves. Par le biais de l'autohypnose, nous allons pouvoir à présent nous reconnecter à cette partie inconsciente : c'est très utile pour prendre des décisions durables, résoudre un problème ou modifier notre comportement !

En effet, quand nous sommes en contact avec notre inconscient, c'est *80 % de notre activité cérébrale* qui est mobilisée.

L'inconscient est le niveau idéal pour agir

Notre *conscient* est rationnel et cartésien : lorsque nous sommes au point 1 et que nous devons aller au point 5, le conscient estime qu'il faut d'abord passer par les points 2, 3 et 4. Cela paraît logique ! Mais c'est parfois assez fastidieux et pénible. Et s'il existait un raccourci efficace pour passer directement du point 1 au point 5 ? C'est ce que propose de faire l'inconscient...

Vous avez peut-être déjà fait l'expérience du trou dans la feuille de papier ? Tracez le point 1 au recto puis le point 5 au verso de la feuille. Pour dessiner un chemin du point 1 ou point 5, il faut faire *tout le tour* de la feuille en passant éventuellement par les points 2, 3, 4... Mais si vous creusez un trou dans la feuille, vous allez pouvoir passer *directement* du point 1 au point 5 ! La force de l'inconscient est là : elle peut nous permettre de changer radicalement notre comportement sans trop d'efforts.

Vous est-il déjà arrivé de prendre « de bonnes résolutions » et de vouloir arrêter de fumer, manger moins gras, faire davantage de sport ? Ces résolutions prises au niveau conscient ne sont pas toujours faciles à respecter. Si vous fumez, c'est parce qu'il y a des raisons, anciennes et inconscientes : il ne suffit pas forcément de décider « consciemment d'arrêter ». J'ai des amis qui ont arrêté la cigarette pendant quelques semaines puis ont rechuté et se sont remis à fumer. D'autres disent qu'ils vont arrêter, que c'est la dernière... et ça ne marche pas.

À ce stade, j'ai envie de citer Einstein : « Le niveau auquel un problème est généré ne saurait être résolu à ce niveau. » Même s'il y a des raisons inconscientes au tabagisme (certains parlent de régression au niveau du sein maternel), le niveau qui génère le problème est bel et bien le *niveau conscient* : « Il faut que j'arrête de fumer, je vais arrêter, je prends la décision d'arrêter. » On a vu que cela ne marche pas. Il faut donc passer au *niveau inconscient*.

C'est l'autohypnose qui nous permet de passer à ce niveau. Grâce à elle, votre esprit va pouvoir mobiliser des capacités très puissantes pour agir. Vous verrez, c'est étonnant. Vous aviez essayé si souvent de vous remettre au sport, de quitter votre petite amie, d'écrire un album de chansons ? C'est en *mobilisant votre inconscient par le biais de l'autohypnose* que vous allez réussir à le faire.

Au fait, connaissez-vous Stéphane Mifsud ? Cet homme détient le record du monde d'apnée statique : il est resté 11 minutes et 35 secondes sous l'eau sans respirer. Ça paraît incroyable, non ? Stéphane Mifsud a reconnu publiquement avoir utilisé les pouvoirs de l'autohypnose pour progresser et arriver à retenir sa respiration aussi longtemps.

Existe-t-il un risque à pratiquer l'autohypnose ?

Rassurez-vous : il n'y a *aucun risque* à pratiquer l'autohypnose. Il s'agit d'un processus totalement naturel que vous pouvez susciter à volonté... et qui ne peut vous faire que du bien.

On m'a souvent demandé s'il était possible de rester « bloqué » dans un état hypnotique. Si cela peut donner des idées aux scénaristes ou aux romanciers, sachez qu'il est impossible de rester emprisonné dans sa tête en pratiquant l'autohypnose. Cela ne fonctionne pas ainsi : l'autohypnose n'est pas comme une drogue. C'est un phénomène volontaire et totalement réversible.

Rassurez-vous également sur un point : quand vous pratiquerez l'autohypnose sur vous-même, vous n'entrerez pas dans un état qui vous ferait faire des choses que vous ne souhaitez pas faire. Vous ne deviendrez ni fou, ni hystérique, ni lubrique, ni suicidaire... Vous ne serez à la merci de personne. D'ailleurs, vous pratiquerez souvent cela chez vous. Lorsque vous êtes sous hypnose (ou autohypnose), personne ne peut vous contraindre. D'ailleurs, en état modifié de conscience, vous n'êtes pas totalement « inconscient ». Votre conscience est seulement « modifiée » : elle est toujours présente mais légèrement en retrait afin de laisser votre inconscient s'exprimer. Votre conscience reste entièrement vigilante, prête à revenir au premier plan si nécessaire !

Alors soyez rassuré, laissez-vous guider et vous obtiendrez très vite des résultats étonnants.

Avant la séance : quelques préalables indispensables

L'autohypnose est une activité sérieuse. Nous avons tous des émotions refoulées, nous sommes tous plus ou moins fragiles. Or l'autohypnose nous met directement en contact avec notre inconscient. Raison de plus pour respecter quelques règles de « bonne conduite » avant de commencer la séance...

Ces règles fixent un cadre, un rituel, ce sont comme des fusibles qui évitent de pratiquer l'autohypnose « à la sauvage ». Un peu comme quand on se lave les mains avant de passer à table ou qu'on boucle sa ceinture de sécurité avant de conduire...

1RE PHRASE CLÉ :

Répétez-vous d'abord cette phrase autant de fois que possible afin de vous l'approprier :

« Je ne prends pour moi que ce qui est bon pour moi. »

Vous pouvez vous placer devant un miroir en vous fixant intensément pour faciliter la suggestion.

2^E PHRASE CLÉ :

Ensuite, dites-vous la chose suivante :

« Si jamais il y a un danger extérieur, je serai prêt à réagir. »

Fixez les limites temporelles que vous ne voulez pas dépasser :

« *La séance va durer dix minutes* » (ou vingt minutes, un quart d'heure...).

Programmez un temps précis pour la séance : ce temps donné au départ vous permettra d'approfondir l'exercice, d'utiliser tout le temps que vous vous êtes alloué pour celui-ci... en pensant aussi qu'à un moment donné, cette séance va prendre fin et qu'elle n'est pas une plongée sans limites dans votre inconscient. Cela va aussi vous aider à travailler en dissocié (voir suggestion suivante).

Travaillez en dissocié :

C'est particulièrement important quand vous revisitez des souvenirs négatifs. Si vous devez faire un retour dans votre passé et que celui-ci vous inspire des choses déplaisantes, travaillez toujours en dissocié : vous ne serez pas réellement acteur de la scène, mais vous allez mettre une certaine distance elle et vous. Cela ne diminuera pas l'efficacité de la séance d'autohypnose, au contraire ! Pendant que vous serez en contact avec votre inconscient, une partie de vous prendra simplement « un peu de hauteur »... C'est comme si le souvenir que vous allez revivre était vu à travers les yeux d'un observateur extérieur (et non à travers vos propres yeux).

Pour savoir si vous êtes plutôt « associé » ou « dissocié », c'est très simple, détendez-vous, fermez les yeux, et remémorez-vous un souvenir que vous décrirez. Suivant votre position dans le souvenir, vous savez si vous êtes « associé » à ce souvenir ou « dissocié » de celui-ci.

EXEMPLE : JE ME PROMÈNE DANS LA FORÊT AVEC DES AMIS.

OPTION 1

Je suis en train de me promener dans la forêt avec des amis, je me rappelle, c'est très sympa, on marche sur les feuilles mortes et je revis la sensation… (*je suis associé*).

OPTION 2

Je me revois marcher avec des amis, c'est tout un groupe qui marche, il y a des feuilles mortes par terre (*je suis dissocié* : je suis spectateur de la scène, extérieur, c'est comme si j'étais au-dessus, je ne suis pas vraiment dedans).

Vous êtes acteur, mais aussi spectateur de cette descente dans l'inconscient. Vous ne descendez pas pour votre plaisir, mais pour accomplir quelque chose. Cela vous oblige donc à une certaine vigilance, à une certaine distance avec le processus.

Il y a une partie de vous qui fait un pas de côté, qui considère à distance l'expérience que vous allez vivre.

Les différentes méthodes d'autohypnose

Il existe une multitude de techniques pour créer un état modifié de conscience via l'autohypnose : celles que je vais vous expliquer sont, d'après moi, les plus simples à pratiquer.

Bien évidemment, vous devrez vous entraîner régulièrement pour ressentir ces techniques et éprouver les bénéfices de l'autohypnose au quotidien. Il faut au moins dix séances pour vraiment en découvrir les potentialités et les divers niveaux de profondeur. Un conseil : ne vous en privez pas, c'est tellement bon pour l'esprit (et le corps) !

La méthode Elizabeth Erickson

Elizabeth Erickson était la femme de Milton H. Erickson : son long compagnonnage avec le père de l'hypnothérapie moderne lui a permis d'inventer une méthode bien à elle... très simple et très efficace !

Il s'agit d'une spirale sensorielle où chaque sens est passé en revue. La voici :

Choisissez d'abord un thème sur lequel vous voulez travailler... ou posez-vous des questions auxquelles vous voulez obtenir des réponses.

1) Dans un premier temps, installez-vous confortablement dans un endroit silencieux où vous ne pouvez pas être dérangé.

2) Fixez ensuite votre regard vers un endroit de la pièce où vous êtes installé.

3) Tout en fixant ce point, observez 5 objets qui se trouvent dans cette pièce en utilisant votre vision périphérique.

Un téléphone ? Une table ? Un fauteuil ? Un cendrier ? Une revue ?

Amusez-vous à les décrire dans votre tête... et faites-vous une suggestion du type : et mes yeux clignent de plus en plus.

4) Portez ensuite votre attention sur 5 éléments sonores.

Le son de votre respiration ? Le bruit de la circulation ? Le pas de quelqu'un dans l'appartement du dessus ? Un cri d'enfant au-dehors ? Le vrombissement d'une mouche ?

Et faites-vous une suggestion du type : et mon cœur bat tranquillement.

5) Portez enfin votre attention sur 5 sensations (ou éléments kinesthésiques).

Le poids du corps sur le fauteuil ? La main gauche en appui sur la cuisse ? La tête qui repose sur l'appui-tête ?

Les mâchoires qui sont un peu crispées et qui se desserrent ? La sensation des orteils dans les chaussures ?

Et faites-vous une suggestion du type : et je rentre de plus en plus profondément dans un état de bien-être.

6) Recommencez alors la procédure au point 3.

Vous fixez cette fois votre attention sur 4 éléments visuels (un de moins que précédemment), ensuite sur 4 éléments sonores, enfin sur 4 sensations.

Chaque fois, vous revenez à l'étape 3 : vous retirez 1 élément à chaque passage en ajoutant à chaque fois une autosuggestion ; vous refaites donc l'exercice avec 3 éléments, puis 2, puis 1.

Jusqu'à ce que vos yeux soient complètement fermés.

Vos yeux se sont peut-être fermés d'eux-mêmes... Vous êtes complètement détendu.

7) À présent, suggérez que l'une de vos mains se redresse toute seule et effleure vos joues, ou votre front. Vous êtes en transe (EMC).

8) Ensuite, laissez libre cours à votre esprit : si vous êtes conscient pendant l'exercice, vous pouvez poser une question (« dois-je quitter ma petite amie ? », « suis-je fait pour ce métier ? »...)

Ou vous concentrer sur ce que vous voulez vraiment : ne plus fumer, faire davantage de sport... Les réponses à la ou les questions ne surviendront pas forcément tout de suite, mais peut-être à la séance d'après. Ces questions ont « planté » un ferment de réponse dans votre inconscient : vous en savez maintenant un peu plus sur la situation qui vous occupe (quitter ou pas votre amie, persévérer ou pas dans ce métier...). Si c'est plutôt une modification de comportement que vous cherchez (« je veux faire plus de sport, arrêter de fumer »), l'injonction donnée au cerveau « plante » elle aussi un ferment d'action, elle enracine la bonne résolution au plus profond de vous.

Certains d'entre vous auront peut-être l'impression au début de n'être « pas vraiment » en EMC ? Ils se sentiront simplement « vaguement détendus ». Dites-vous bien que cette détente est déjà un premier pas. Vous avez modifié votre état d'être. Rappelez-vous : dix minutes avant, vous étiez peut-être agité ou distrait. Cette fois, vous êtes bien présent à vous-même.

L'exercice ne fait que commencer. Continuez. Répétez-le souvent. C'est en forgeant que l'on devient forgeron !

La méthode de Bandler

Le cocréateur de la PNL, Richard Bandler, a lui aussi concocté une technique d'autohypnose.

C'est la même technique que celle d'Elizabeth Erickson sauf que cette fois on travaille en « dissocié ». La séance commence en observateur : vous êtes extérieur à votre corps, vous vous observez.

Observez-vous : la personne que vous observez est comme votre clone. Vous l'observez de la tête aux pieds tout en restant attentif à ce que ce clone doit voir, entendre, ressentir...

Parlez-lui comme vous parleriez à quelqu'un, comme vous parleriez à un excellent ami. Soyez votre meilleur ami !

Une fois que vous serez complètement relaxé, l'une de vos mains va peut-être se lever et venir toucher votre front. Observez-la : identifiez quelle main va se lever... et regardez-la en action.

À ce moment-là, vous êtes peut-être entré en transe. J'ai déjà utilisé cette méthode avec des personnes souffrant de douleurs chroniques. Le fait de travailler en « dissocié » les aide à progresser dans la maîtrise de leur douleur : par exemple, au moment où elles entrent en transe, je leur demande d'imaginer une couleur pour leur douleur (généralement une couleur chaude : rouge, orange...) et de la transformer en couleur douce, plus froide (bleu, vert...). La douleur s'amoindrit d'elle-même ! En dissocié, avec la méthode Bandler, les patients arrivent vraiment à diminuer leurs douleurs, à mieux les contrôler...

Mais cette méthode, comme toutes les autres, fonctionne quelle que soit votre situation.

Travaillez en dissocié, en observateur... et laissez-vous guider par votre sage intérieur.

La méthode « Bastien »

J'ai quant à moi une manière bien personnelle de pratiquer l'autohypnose (en plus de celles précédemment présentées).

Je suis quelqu'un de visuel et j'adore la musique. Il m'arrive très souvent de « voyager » au rythme de la musique. Je m'imagine à ce moment-là des scénarios dans lesquels je suis le héros. Si vous aussi, vous vous faites un film quand vous écoutez au casque un son sublime, cet exercice est fait pour vous ! En ce qui me concerne, j'aime mettre un CD des Pink Floyd ou de Massive Attack... Je pars alors très vite en transe naturelle.

Vous pouvez pratiquer la méthode « Bastien » d'autohypnose à peu près n'importe où : il suffit que vous ayez un baladeur à portée de main. Ce peut être dans les transports en commun ou chez vous... dans votre lit par exemple, prêt à partir dans des rêves délicieux. Mettez alors vos écouteurs ou votre casque et attendez que vos pensées vous guident.

Vous allez entrer en transe presque sans effort...

Vous êtes prêt ? C'est parti !

1) Vous êtes pleinement absorbé par la musique que vous aimez.

2) Maintenant, choisissez-vous une problématique (par exemple : la confiance en soi).

3) À partir de la bande-son que vous écoutez, construisez-vous un film dans lequel vous êtes une personne sûre d'elle...

4) Soyez bien entendu associé à cette personne parfaitement confiante.

5) À la fin de votre superbe film, imaginez-vous rencontrer ce héros (qui peut être votre clone parfait) et imaginez-le vous dire qu'il vous transmet toute sa confiance.

6) Vous le remerciez en le prenant dans vos bras : pendant que vous le faites, votre héros (ou clone) se transforme en énergie qui entre peu à peu en vous et qui vient s'inscrire dans tout votre être.

7) Prenez une bonne inspiration pour fixer en vous tout ce savoir qui vient d'être inscrit en vous. Ouvrez les yeux.

Cette technique d'autohypnose est aussi très réconfortante, elle vous motivera quand vous avez besoin de retrouver un peu d'assurance, d'espoir, de sérénité ou quand vous souhaitez vous sentir en plein accord avec l'univers... Essayez, vous verrez. Les résultats peuvent être impressionnants !

N'hésitez pas à la pratiquer aussi souvent que possible, sans limitation.

La méthode « Bastien » bis

Voici enfin une autre méthode intéressante que je pratique parfois, lorsque je travaille toute la journée sur mon ordinateur. Elle nécessite un magnétophone (enregistreur sur ordinateur, dictaphone ou autre).

Vous êtes prêt ?

1) Choisissez un thème « d'amélioration de soi ».

Par exemple : être plus détendu, ressentir plus de joie de vivre, avoir davantage confiance en soi...

2) Appuyez sur REC...

... et expliquez à voix haute ce que vous voulez devenir. Enregistrez-vous comme si vous deviez convaincre quelqu'un que *vous êtes réellement celui que vous souhaitez devenir*. Vous devez parler à la première personne du singulier et au présent. Par exemple, pour la confiance en soi, voici ce que cela peut donner :

« J'ai parfaitement confiance en moi, je sais qui je suis, je sais ce que je vaux et j'ai complètement confiance. Dans ma vie personnelle, mes proches remarquent que je suis vraiment sûr de moi et c'est pareil au travail. Je suis plein d'assurance et très tranquille quand on me parle, quand je rencontre quelqu'un ou quand je dois prendre la parole en public. C'est pareil avec les filles (ou les garçons) : je suis heureux de chaque nouvelle rencontre et je ne suis pas inutilement timide. Je vais en confiance vers chacune d'entre elles (chacun d'entre eux). Etc. »

Faites-vous un monologue d'au moins cinq bonnes minutes. Développez vraiment ce thème de la confiance en soi. Imaginez comme il est bon d'avoir confiance en soi et comment désormais tout est plus facile, plus agréable dans votre vie.

3) Quand l'enregistrement est terminé, rembobinez.

À présent, vous allez l'écouter très souvent ! Dès que vous serez occupé à quelque chose (un travail, un jeu vidéo, du repassage, etc.) vous pourrez appuyer sur PLAY. Pas la peine de mettre trop fort, un volume même peu élevé est suffisant. Si possible, lancez le programme en boucle. La voix peut retentir dans votre appartement pendant des heures tandis que vous travaillez. À la fin, vous n'y ferez plus attention. Dites-vous juste, avant de commencer à travailler (ou à faire tout autre chose) que ce message audio qu'on entend vous est profitable.

Votre inconscient captera d'autant mieux le message. Croyez-moi, vous allez être agréablement surpris du résultat...

8. Apprendre à lâcher prise

L'esprit humain analyse et conscientise les informations. Il exerce un contrôle constant sur son environnement. Notre esprit travaille tout le temps. Mais ce contrôle continu consomme aussi beaucoup d'énergie. Parfois, nous sommes réellement épuisés par notre esprit, par nos obsessions, parce que « ça tourne là-dedans » sans arrêt... et que l'on n'arrive pas être vraiment bien.

Avec Internet par exemple, nous recevons des stimuli de notre environnement en permanence depuis les sites d'information, mais aussi et surtout de notre entourage, amical et professionnel ; les mails s'accumulent dans nos messageries à toute heure du jour et de la nuit. Chaque fois que nous recevons un e-mail, un minuscule signal de stress s'allume dans notre esprit (message agréable ou désagréable ? plaisir ? angoisse ? travail ?). Nous sommes en alerte tout le temps. Nous n'arrivons plus à lâcher prise. Les scientifiques ont étudié ce stress chronique des habitants des grandes villes et des travailleurs : ils ont appelé ça le *burn-out*, une forme d'épuisement mental qui affecte notre imaginaire, notre motivation et notre efficacité. Cet épuisement a des conséquences sur la santé : le cœur, le foie et le système immunitaire souffrent de ce burn-out, comme l'a démontré le scientifique Bruce McEwen de l'université Rockefeller de New York. Sous l'effet du stress, les neurones rétrécissent et changent de forme ! Chez l'animal, on observe des pertes de mémoire, une agressivité et une anxiété accrues.

Revenons au fonctionnement de l'esprit, dans son cadre plus général et quotidien. Nous connaissons le monde au travers du prisme mental : l'esprit appréhende une grande variété d'éléments et de situations. Nos pensées circulent dans nos têtes de manière agréable et efficace ; ce peut être de la réflexion, de la rêverie, des pensées relativement tranquilles... En revanche, nous commençons à souffrir quand l'esprit « se dérègle », quand nous sommes victimes d'obsessions ou d'addictions, par exemple. Une personne maniaque du ménage ne pensera plus qu'à ça, son esprit va se transformer en un véritable capteur de saletés. Autre exemple : un geek incapable de décrocher son esprit du monde virtuel est réellement « addict » à l'ordinateur ou à sa console de jeux, son esprit n'est jamais en repos ni ouvert à son environnement. Qu'il s'agisse de la ménagère obsédée par la saleté ou du « no life » qui passe sa vie sur son écran, l'un et l'autre connaissent une forme de souffrance : leur obsession les déconnecte du monde réel et des autres, elle les prive au final du bien-être que nous voulons tous atteindre.

Les dérèglements de l'esprit se manifestent aussi au sein du couple, lors des conflits qui surviennent immanquablement entre deux personnes. C'est le cas quand l'un des partenaires rumine une rancœur contre l'autre (l'esprit tourne sans cesse sans pouvoir se libérer de la souffrance) et finit alors par exploser en une avalanche de reproches : « Tu laisses toujours traîner tes chaussettes par terre ! », « Il faut toujours que tu fasses du bruit en mangeant ! », « Tu te rappelles le coup que tu m'as fait il y a deux mois ! », etc. Ces reproches paraissent futiles. Mais c'est ce que l'esprit a retenu pour en faire le reproche à l'autre. Ce sont ces petites focalisations qui cristallisent le désamour et la souffrance. Plus on se concentre sur du négatif, sur les petites choses négatives du quotidien, plus le négatif grandit en nous, dans notre esprit, telle une marée noire ! Quel dommage de ne pas avoir l'esprit plus libre, plus ouvert et plus distancié...

Notre esprit, quand il se dérègle, a vraiment le pouvoir de nous tourmenter. Je pense aussi au burn-out, aux personnes qui se sentent débordées par la multitude des tâches du quotidien. Savez-vous que notre cerveau conscient ne peut pas traiter plus de 10 informations à la fois ? C'est déjà beaucoup ! En moyenne, il en traite 5 à 9 simultanément. Quand une personne est véritablement « débordée » par les soucis, les obsessions, les responsabilités, les éléments à contrôler dans le présent et pour le futur, elle peut sombrer dans un profond mal-être. Une dépression peut s'installer, des troubles physiques prendre le dessus (mal de tête, mal au dos, mal à l'estomac, etc.).

C'est pourquoi il est très important *d'apprendre à lâcher prise*. Il faut savoir dominer son esprit qui est parfois comme un cheval lancé au galop ou un bateau pris dans la tempête.

Il est possible d'éviter les anxiolytiques et les antidépresseurs : essayez, par le pouvoir de la volonté, de guérir les maux de l'esprit.

Rappelez-vous : en tant qu'apprenti mentaliste, vous devez comprendre que *tout ce qui est créé par le mental peut être défait par le mental*.

Qu'est-ce que le « lâcher-prise » ?

Tout le monde a une idée de ce que le « lâcher-prise » signifie. Mais sachez que c'est avant tout une technique. Celle-ci est très prisée par les psychothérapeutes, psychologues et autres coachs de vie. Sa définition et ses applications pratiques sont multiples. Le lâcher-prise consiste à *accepter toutes les choses de la vie sur lesquelles nous n'avons aucune emprise et que nous ne pouvons modifier*.

Le lâcher-prise, ce n'est pas simplement garder son calme, adopter une attitude zen ou totalement passive. Il s'agit d'un véritable instrument pour le mentaliste en herbe que vous êtes. C'est aussi une façon de voir la vie, une éthique et une discipline qui nous donnent le courage d'accepter le changement.

Le lâcher-prise pour combattre le contrôle

Par essence, l'homme veut contrôler son environnement et le plier à ses désirs. Les animaux, eux, n'ont pas un tel besoin de contrôle (le leur se limite à la tanière ou au territoire). Ils vivent pleinement dans un environnement que l'homme, depuis l'origine, n'a eu de cesse de transformer. Dominer ce qui l'entoure a permis à l'homme de survivre et d'évoluer au fil des âges. Mais le contrôle est aussi en l'homme, à l'intérieur de lui : la civilisation a créé du contrôle, un contrôle puissant sur les corps et les comportements. L'esprit de l'homme doit être maîtrisé, ses pulsions inconscientes refrénées. Vous comprenez donc que le contrôle n'est pas né d'hier... et qu'il fait pleinement partie de nous-même !

Chacun aime avoir le contrôle sur sa vie, sur son travail, sur ses émotions, voire sur les autres ! Parfois, nous aimerions avoir un contrôle plus large : nous voudrions maîtriser ce qui arrive, tous ces événements qui nous concernent mais dont le contrôle nous échappe en grande partie. Plongés dans un environnement que nous ne maîtrisons pas totalement (et de loin !), nous pouvons ressentir de la frustration, du stress, une forme d'impuissance déprimante !

La première étape, c'est *d'accepter que nous ne maîtrisons pas totalement les êtres ou les choses*, que notre environnement ne peut être contrôlé. Cela, c'est déjà du lâcher-prise : une nouvelle attitude face au monde, une façon de nous libérer des sentiments négatifs qui nous accablent.

Commençons donc par nous entraîner à *distinguer ce qui est en notre pouvoir* (ce qu'on peut faire, ce sur quoi on peut agir...) *de ce qui nous échappe* (les êtres ou les événements que l'on ne peut ni contrôler ni influencer totalement).

C'est déjà un grand pas.

Lâcher prise, ce n'est pas renoncer

Ne croyez pas que lâcher prise revienne à renoncer à ses aspirations, à ses rêves, à ses objectifs personnels et professionnels. Absolument pas.

Lâcher prise face aux événements que l'on ne peut pas contrôler ne signifie pas du tout abandonner ou fuir. Ce n'est pas adopter une attitude défaitiste, cynique ou « je-m'en-foutiste ». Bien au contraire, le lâcher-prise implique *une action de votre part*... mais une action d'un genre nouveau.

Lâcher prise, c'est d'abord changer de regard sur le monde. C'est faire la part des choses : d'un côté, celles sur lesquelles on peut agir, de l'autre, celles qui ne dépendent pas de notre volonté. Quand on fait ce distinguo, on est plus calme, on peut agir plus efficacement. Lâcher prise, c'est une forme de concentration : plutôt que d'être agacé, énervé, plein d'une énergie dispersée... on peut réussir à se calmer en lâchant prise et arriver à être plus efficace pour agir.

Je vais vous donner un exemple. Il vous est sans doute déjà arrivé d'oublier l'endroit où vous avez posé un objet : des clés, par exemple. Vous avez un besoin immédiat de ces clés, il vous les faut pour prendre votre voiture, vous allez arriver en retard, cela vous agace, vous pensez à la réaction de la personne qui vous attend, etc.

Remarquez comme votre esprit est assiégé, à la fois par le passé (« Où est-ce que j'ai posé mes clés hier soir en rentrant ? »), et par le futur (« Je vais être en retard ! »).

Vous vous acharnez pendant plusieurs minutes pour retrouver vos clés... mais en vain. Comme par hasard, le stress augmente : il semble que plus vous faites des efforts pour vous souvenir de l'endroit où vous avez posé vos clés et moins vous vous en souvenez. Dans un moment comme celui-là, essayez de lâcher prise et de passer à autre chose. Lâchez prise sur votre recherche, détendez-vous un peu. Et comme par magie, vous retrouvez vos clés ! L'endroit où elles étaient posées se matérialise sans effort.

Cet exemple peut être multiplié à l'infini. Je pense aussi à cette situation courante, quand on vous demande le titre d'un film que vous avez vu mais dont vous êtes incapable de vous souvenir. En lâchant prise, le titre du film revient comme par magie...

Voici ce que nous enseignent ces exemples : il est inutile de penser de manière obsessionnelle à un problème, c'est la plupart du temps complètement inefficace. Au contraire, s'en détacher provisoirement permet à notre cerveau de faire émerger certaines solutions, de lui laisser le champ libre pour faire preuve de créativité. Merci, l'inconscient.

Que faut-il lâcher ?

Dans le lâcher-prise, ce qu'on lâche, *c'est l'ego*. Et notre conscient.

Dans l'exemple des clés, tant que je ne me calme pas, je suis assailli par l'agacement parce que je voudrais maîtriser totalement mon environnement (je voudrais que les clés apparaissent immédiatement) et je voudrais me maîtriser moi (je voudrais arriver à me souvenir sans effort de l'endroit où j'ai posé mes clés).

C'est mon ego qui me parle, qui me dicte mon agacement. Mon sentiment de toute-puissance est mis en échec et mon ego est blessé, il tente de se défendre.

En acceptant qu'on ne maîtrise pas tout, on lâche un peu sur notre ego. Parfois, alors, les clés apparaissent comme par magie.

Avec les autres aussi, il faut se comporter comme cela.

Parfois, il faut lâcher une petite rancune (vis-à-vis de ma fiancée qui s'est moquée de moi la semaine dernière), une conviction bien affirmée (accepter les idées politiques d'un ami, hélas, différentes des miennes) ou un préjugé (non, ce nouveau collègue n'est pas aussi bête et incapable qu'il en a l'air : il est juste mal habillé mais ça n'en fait pas pour autant quelqu'un d'incompétent). En lâchant ces petits bouts d'ego, on parvient à mieux fonctionner avec les autres.

En renonçant à l'idée que j'existe indépendamment des autres, que je n'ai pas besoin d'eux, ni d'eux de moi, en laissant de côté mon désir d'emprise, je fais un grand pas vers le lâcher-prise.

Voilà pourquoi il est fondamental de maîtriser son mental pour expulser cette loi de l'ego si solidement ancrée en nous. Autant que possible, l'identification à l'ego doit être combattue : l'ego est un « faux moi » qui est mauvais conseiller ; il crée l'illusion que l'on vit à la fois seul et dans la peur, tout en étant tout-puissant sur soi et sur les choses.

Abandonnons donc ce besoin de contrôle pour *véritablement lâcher prise*.

Un de mes amis est venu un jour me demander de l'aide pour rebondir après une rupture difficile. Lui et son amie étaient ensemble depuis deux ans, mais la situation s'était envenimée jusqu'à atteindre un point de non-retour. Le problème, c'est que mon ami n'arrivait pas à faire le deuil de cette relation. Il repensait sans cesse aux moments de bonheur qu'ils avaient vécus ensemble. Il ruminait ce qu'il aurait dû faire ou ne pas faire (reproches sur le passé). Il pensait qu'il ne trouverait plus jamais une personne comme son ancienne copine, qu'il resterait seul toute sa vie (angoisse face à l'avenir). Plongé dans des idées noires, mon ami prenait sur lui l'entière responsabilité de la rupture et culpabilisait sans cesse. Il lui fallait se libérer de ce lourd fardeau. Pour faire taire ce flot de pensées sombres, je lui ai proposé des exercices de lâcher-prise, de relaxation et de méditation. Il s'est d'abord senti mieux, mais cela n'a pas duré car il lui suffisait de voir une personne ressemblant vaguement à son ancienne copine ou encore de revenir dans un lieu qu'ils fréquentaient tous deux autrefois pour replonger dans son état antérieur. Je lui ai posé alors toute une série de questions pour savoir ce qu'il fallait qu'il abandonne derrière lui. Lorsque je lui ai demandé s'il se sentait blessé dans son amour-propre, mon ami a pris du temps pour répondre. Je tenais une piste. En réalité, le lâcher-prise ne devait pas concerner simplement la personne qui l'avait quitté, mais bien l'ego de mon ami, cet orgueil qui lui dictait sa conduite : en fait, mon ami avait honte d'être seul, il ne supportait plus de se voir seul au milieu des autres. Quand il a pris conscience que c'était au fond son amour-propre qui souffrait – davantage que son amour pour cette fille –, mon ami est allé beaucoup mieux. Il n'aimait plus son ex pour ce qu'elle était réellement, mais pour ce qu'elle avait pu représenter pour lui aux yeux des autres. Mon ami parvint alors à lâcher prise et la douleur s'en alla.

Cette anecdote montre bien à quel point il est important *d'identifier* ce qui nous fait réellement souffrir pour parvenir à lâcher prise précisément sur ce point-là.

Voici à présent quelques indices pour repérer dans le langage où se cache votre volonté de contrôle et de toute-puissance.

Écoutez-vous parler. Bannissez d'abord les phrases qui commencent par « Moi je... ». Il s'agit d'une profonde identification à l'ego. De la même manière, évitez les phrases exprimant la volonté de manière extrême : il est bon de manifester son désir, mais il n'est pas toujours bien perçu d'être autoritaire.

Apprenez à moduler vos prises de parole. Dites : « J'aimerais beaucoup que tu restes à la maison avec moi, ce soir » plutôt que : « Je refuse que tu sortes ce soir » ! Mieux : si vous ne pouvez pas contrôler la personne avec laquelle vous vivez parce que celle-ci a envie de sortir tous les soirs, acceptez son indépendance. Lâchez prise sur ce point... quitte à reconsidérer la relation.

Nous oublions parfois que tant de choses ne dépendent pas de nous. Dans le langage, on abuse aussi très souvent de « si » et des « quand ». Exemple : « Ah, si j'étais riche, je reprendrais tout de suite la guitare car je n'aurais plus besoin d'aller au bureau ! » Oubliez le « si » : vous n'êtes pas riche. Recommencez donc la guitare sans attendre, en dehors des heures de bureau. Organisez-vous pour cela. Autre exemple : « Quand j'aurai quitté ma copine, je pourrai enfin visiter l'Inde. » Vous n'êtes apparemment pas prêt à quitter votre copine, cela fait deux ans que vous essayez de vous séparer sans y arriver. Essayez donc de planifier un petit voyage tout seul ou renoncez à l'Inde pour le moment.

Vous le voyez, bannir les « si » et les « quand » peut être un véritable levier pour l'action. *En lâchant prise sur une situation qu'on voudrait différente* (« si j'étais comme ceci, quand il se passera cela... »), on se donne les moyens d'agir *ici et maintenant*.

Enfin, cessez de vous mettre automatiquement à la place des autres en disant à vos amis : « Ah, moi, à ta place, je ferais ci ou ça. » Vous n'êtes pas eux et ils ne sont pas vous. Vous pouvez conseiller vos amis mais pas vraiment les influencer. À eux de trouver les solutions à leurs problèmes. À vous de lâcher prise sur ce que vous voudriez qu'ils fassent... et tant pis si ce qu'ils font n'est pas ce que vous aviez imaginé pour eux ou pour vous !

Pourquoi est-ce si difficile de lâcher prise ?

On l'a vu, lâcher prise, c'est renoncer au contrôle. Or nous avons besoin de contrôle : le contrôle nous rassure, il colmate nos peurs. Il diffuse en nous un sentiment de sécurité en nous donnant l'illusion de la maîtrise. L'homme a besoin de ce contrôle sans lequel il s'estime à la merci des événements, du hasard, du danger, de la solitude, des autres, des erreurs, d'un manque dans sa vie, etc.

Nous avons tendance à contrôler notre entourage (collègues de travail, famille, conjoints, enfants) pour nous rassurer. Mais ce sentiment de sécurité est une erreur. *Tout* peut nous arriver : un accident peut survenir demain, notre entreprise peut être restructurée brutalement et commencer à licencier, notre meilleur ami peut avoir des difficultés dans sa vie et s'éloigner sans que nous l'ayons prévu. L'avenir est incertain, quel que soit le contrôle qu'on croit exercer.

Sachons donc nous montrer sages : le passé ne peut pas être changé, le futur ne peut pas être complètement contrôlé.

Ancrons-nous dans le présent.

Sachons faire aussi le deuil de nos croyances, de nos réflexes acquis au fil du temps. Oublions ces phrases toutes faites qui résonnent dans nos têtes et fonctionnent comme des règles de vie : « Il faut que tout soit parfait. » « Tout doit toujours fonctionner comme je le veux. » « Je dois tout faire moi-même. »

Oublions tout cela. Nous n'en serons pas moins efficaces.

Le lâcher-prise, c'est aussi accepter nos limites, accepter les événements et les autres tels qu'ils sont, nous accepter tels que nous sommes et, enfin, vivre intensément dans le présent.

Ce n'est pas facile mais cela vaut le coup.

FORMULE À RETENIR :

confiance en soi
+ gestion des peurs
+ acceptation des limites et d'autrui
= lâcher-prise.

Quels sont les effets du lâcher-prise ?

Vous pourrez constater que les effets de la technique du lâcher-prise au quotidien sont vraiment bénéfiques. Quand vous aurez commencé à pratiquer régulièrement le lâcher-prise comme une hygiène de vie, votre corps et votre esprit se détendront peu à peu.

Rappelez-vous : notre corps est un formidable indicateur de la santé psychique. Nos idées noires et nos peurs sont perçues par notre corps qui nous envoie des signaux qui ne trompent pas ! Démangeaisons, douleurs, maux de tête ou mal au dos... Il faut apprendre à écouter ce corps, à avoir conscience des points de tension ici ou là (muscles contractés, énergie dispersée ou en baisse, esprit soucieux...) et arriver à se régénérer. Cela commence bien sûr par l'esprit. Vous n'êtes pas mentaliste pour rien ! Quand l'esprit est débarrassé de ce qui lui pèse, le corps commence lui aussi à être soulagé.

Le lâcher-prise éloigne le stress, permet d'atteindre une forme de paix intérieure et soulage de ce qui préoccupe. Ainsi, on apprend à se recentrer et à mieux se connaître, tant au niveau spirituel que corporel. On retrouve (ou on découvre !) une sensation de légèreté et de confiance.

Une fois recentré, on peut alors (re)commencer à s'ouvrir vers l'extérieur et établir des relations saines.

Préparer le lâcher-prise

Il existe de multiples façons de lâcher prise. Dans un premier temps il est utile de préparer ce lâcher-prise.

Prenez d'abord conscience de l'extrême besoin de contrôle qui vous habite (rassurez-vous, nous en sommes tous là !). Faites la somme des peurs et des habitudes qui vous pèsent, réalisez à quel point il est absurde de vouloir tout contrôler et tout imaginer par avance.

À l'occasion de votre anniversaire, vous décidez d'organiser une soirée avec la ferme intention de profiter de vos amis venus en nombre et de vous amuser. Alors que la soirée vient de débuter, un incident intervient : une coupure de courant, il manque quelque chose sur le buffet, des amis sont en retard... Sur le déroulement de la soirée, sur sa possible conclusion, vous ne pouvez rien. Cela n'arrangera rien d'entretenir en vous la frustration, la colère, le dépit face aux petites contrariétés qui s'accumulent. Ne vaut-il pas mieux changer votre vision des choses ? Par exemple : « Une petite coupure de courant, ce n'est rien, qui sait chanter ? » Ou : « Nous allons bientôt manquer de boisson, je profite pleinement du contenu de mon verre. » Ou encore : « Mes meilleurs amis sont en retard, peu importe, j'ai d'autres invités que je dois saluer. »

Couper court à ces pensées moroses et les relativiser par le biais de suggestions positives vous permettront sans doute de profiter pleinement de ce jour unique à vos yeux.

Prenez bien conscience du fait que ces comportements stériles nous épuisent. Imaginez un peu l'énergie que nous dépensons en vain à vouloir tout contrôler ! Pensez que vous êtes une mouche prisonnière dans une maison qui, à chaque fois qu'elle croit se diriger vers la lumière, se cogne contre une fenêtre et ainsi de suite à l'infini. Quel épuisement !

À RETENIR :

Pour préparer le lâcher-prise :

1) PRENDRE CONSCIENCE DE CE QUI NOUS PÈSE

Il s'agit d'un important travail d'introspection et de remise en question qui déterminera ce que vous devez lâcher.

Ce qui nous pèse peut être :

– nos pensées négatives ou illusoires (toute pensée peut être modifiée ; apprenez à penser de manière positive) ;

– les croyances erronées qui sont profondément ancrées en nous (nous avons la possibilité de les modifier, de créer nos propres croyances qui nous serviront de garde-fous) ;

– les contraintes qui nous empêchent de vivre notre vie pleinement ;

– les relations que nous entretenons dans nos vies personnelle, familiale ou professionnelle.

2) RESTER À L'ÉCOUTE DE NOTRE CORPS

La détente commence par là. Le corps et l'esprit interagissent. Détendre son corps, c'est apaiser son esprit.

3) INTERROMPRE LE FLOT DES PENSÉES, FAIRE TAIRE NOTRE MENTAL

Une pensée en implique une autre, puis une autre, etc. En prenant l'habitude d'arrêter de penser quelques instants, de calquer notre esprit sur notre respiration, nous évitons d'être submergés par nos petites voix intérieures.

Par quels moyens puis-je réaliser un certain lâcher-prise ?

Avant de vous enseigner la technique proprement dite, je vous propose *quatre suggestions majeures* qui vous guideront dans votre travail de lâcher-prise.

Imprégnez-vous-en, ancrez-les profondément dans votre esprit, elles seront votre guide dans le chemin vers le lâcher-prise.

1. Vivez le présent

Eckhart Tolle, dans son ouvrage *Le Pouvoir du moment présent*, nous enseigne un moyen qui semble assez simple (mais qui demande un peu de pratique.) Le voici : vivez le moment présent. Se focaliser sur le présent interrompt les parasitages créés par les réflexions concernant les problèmes du passé et les incertitudes face au futur.

2. Ne soyez pas l'esclave du passé

Pour lâcher prise, il faut briser les fers qui vous enchaînent au passé. Le passé n'est plus. Il est inutile de cogiter sans cesse sur les erreurs que l'on a commises, sur ses échecs et sur ses déceptions. Ressasser sans cesse ce genre de souvenir ne peut que vous enfermer dans des sentiments négatifs et des idées noires.

3. Gardez un esprit ouvert et tolérant

Au fil de notre parcours personnel, nous emmagasinons un nombre incroyable de croyances et préjugés. Ici, l'idée est simple : plus nous avons des croyances strictes, plus nos attentes sont grandes et moins les événements et les gens correspondent à l'idéal que l'on s'était forgé. C'est cet écart entre idéal et réalité qui crée en nous un sentiment perpétuel de tristesse et de frustration.

Vous l'avez compris en lisant les pages précédentes, un grand nombre de choses échappent totalement à notre contrôle. Le monde et les autres ne se plieront jamais complètement (ni même un peu !) à notre volonté. Nous n'avons aucune emprise sur les pensées de ceux qui nous entourent et nous ne pouvons pas commander leur vie. Il nous faut donc accepter les autres comme ils sont et pour ce qu'ils sont, les accepter pleinement même avec leurs défauts, sans chercher à les modifier.

Sachez vous adapter aux événements et aux gens que vous rencontrerez. Garder un esprit ouvert vous évitera bien des déceptions...

Nous sommes humains. L'échec fait partie de nos vies. Apprenez donc à vous pardonner à vous-même vos erreurs, à accepter vos limites et à penser de manière positive.

Bien souvent, notre orgueil est un véritable tyran. Nous sommes trop durs avec nous-mêmes. Une fois tirée la leçon de nos échecs, essayons de nous pardonner et d'aller de l'avant. Nous souffrirons moins et nous avancerons d'un pas plus léger, riches de l'expérience acquise.

Savoir nous pardonner à nous-mêmes, c'est aussi apprendre à pardonner aux autres. Eux comme nous sommes dans la même aventure... et pour continuer à avancer, il faut savoir se délester des vieilles querelles. Apprenez à regarder la vie d'un œil nouveau, le plus positivement du monde.

Enfin, dernière suggestion, mais la plus importante de toutes, qui résume toutes celles que je viens de citer : « *Je vis ici et maintenant.* »

C'est la voie royale pour atteindre le lâcher-prise. Maintenant, nous allons voir comment procéder.

La technique du « lâcher-prise »

Le lâcher-prise est la manière la plus saine de gérer un sentiment qui nous ronge. Rappelez-vous : nous avons tous déjà eu le sentiment d'être au milieu d'une explosion émotionnelle, puis nous avons commencé à rire de nous-mêmes, en nous rendant compte que notre comportement était stupide, inadéquat ou inutile. En d'autres termes, au bout de quelques heures, quelques jours ou quelques semaines, nous sommes devenus conscients et avons réussi à dépasser notre sentiment de colère ou d'angoisse en le remettant à sa juste place. Il a parfois fallu du temps pour cela. La technique que je vais vous enseigner permet d'accélérer le processus : elle permet ici et maintenant d'aller mieux et de dépasser la confusion de l'esprit. Que vous soyez tendu, parasité par la colère ou par une pensée qui vous obsède, c'est le moment de lâcher prise.

Passons donc enfin à la pratique en tant que telle ! Vous verrez que cette technique synthétise tous les acquis précédents.

La technique du lâcher-prise : de petites suggestions pour de grands changements.

Avant de commencer l'exercice, isolez-vous dans un endroit calme, un lieu dans lequel vous vous sentez bien et où vous ressentez un sentiment de sécurité apaisant.

Éteignez votre portable ou tout ce qui est susceptible de vous déranger pendant votre séance. Vous pouvez, si cela vous est agréable, diffuser un fond musical dont le volume sonore sera suffisamment faible pour passer au second plan (une musique douce, par exemple).

Installez-vous confortablement dans un fauteuil ou un canapé, les pieds bien à plat, vos mains reposant sur vos genoux. Vous vous sentez bien. La séance peut commencer.

Étape 1 : Localisez ce qui ne va pas en vous.

Fermez les yeux et pensez d'abord à un problème de votre vie. Ce problème est récurrent, il vous amène à y repenser souvent dans la journée, il vous assaille, suscite en vous un certain nombre de questions et vous cause de l'inquiétude.

Ce peut être un problème en relation avec l'être aimé, avec un parent ou un enfant ou encore un problème lié à votre travail, à votre santé, à des craintes de tous ordres, etc.

Étape 2 : Identifiez ce que vous ressentez.

Déterminez le sentiment qui concerne le problème que vous cherchez à évacuer. Quelle est la première impression qui vous vient à l'esprit ? De la colère, de la jalousie, de la peur, un sentiment d'injustice ? Essayez d'identifier précisément ce qui vous habite. Est-ce que c'est exactement cela, ce que vous ressentez ? Si ce n'est pas le cas, essayez encore une fois : tentez de définir ce sentiment plus clairement.

Ouvrez-vous à ce que vous ressentez. Tout en gardant les yeux fermés, commencez à inventorier votre corps, de bas en haut, en commençant par vos pieds. Votre corps est-il détendu ?

Respirez profondément et lentement. Le cours de votre pensée doit doucement se calquer sur le rythme de votre respiration.

Prenez le temps nécessaire pour devenir conscient des sensations physiques liées à ce que vous ressentez et focalisez-vous dessus. Une fois que vous vous sentez prêt, passez à l'étape suivante.

Étape 3 : Vivez votre ressenti.

Vous êtes dès à présent totalement détendu. Vous êtes pleinement conscient de votre problème et de la sensation qu'il provoque en vous.

Maintenant, produisez cette sensation délibérément. Laissez votre sensation (ou votre sentiment) habiter entièrement votre corps et votre esprit. Si vous avez un sentiment de peine, vous pouvez peut-être éclater en larmes ; si vous avez un sentiment de colère, vous pouvez sentir que votre sang commence à bouillonner (et vous aurez peut-être envie de crier !). Ce passage est obligatoire avant de lâcher prise.

Étape 4 : Acceptez votre ressenti.

Vous pouvez maintenant prendre conscience de la différence entre votre mental et votre corps. Votre corps est détendu. S'il ne l'est pas totalement, vous pouvez serrer les poings très forts, deux fois, puis relâcher. Vos mains prendront alors naturellement une position naturelle et détendue.

Acceptez à présent ce que vous ressentez. Faites une place à vos émotions négatives (qui ne vont pas forcément disparaître tout de suite : elles vont se régénérer encore et encore jusqu'à ce que la leçon soit apprise une fois pour toutes). Si à ce moment de la séance, vous ne vous sentez pas capable d'abandonner ce sentiment, inutile de se braquer, vous pourrez y revenir plus tard.

Parlez-vous intérieurement de manière calme, rassurez-vous avec les mots qui vous touchent, écoutez-vous respirer. À ce moment-là de la séance, votre corps et votre esprit sont totalement détendus, vous vous laissez bercer par votre esprit qui vous parle, vous raconte une histoire. Vous êtes présent en vous.

Étape 5 : Lâchez prise.

Quand laisserez-vous ce sentiment vécu lors de l'étape 3 disparaître ? À la fin de la séance ou plus tard, lors d'une nouvelle séance ? À un moment donné, vous serez capable de répondre : « Je me sens prêt à lâcher ce sentiment. »

Ne cherchez pas à retenir ce sentiment : comme un ballon rempli d'hélium, vous lâchez prise et vous observez le ballon s'envoler dans les airs. Laissez de la même manière le sentiment s'en aller, lâchez-le tout simplement si vous ne l'avez pas fait spontanément.

Vous sentez comme c'est bon de le lâcher ? Imaginez que toute l'énergie dépensée pour retenir ce sentiment s'en va à présent à l'intérieur du ballon. Le ballon est libéré.

Il y a une diminution immédiate de la tension physique et nerveuse. Vous vous sentez plus détendu, calme, centré et puissant. Peut-être même, à ce moment de la séance, que vous vous êtes endormi. Cela arrive. À votre réveil, vous aurez totalement oublié le sentiment, le ressenti que vous cherchiez à évacuer.

Étape 6 : Vérifiez.

Ressentez-vous encore ce sentiment ou d'autres sentiments négatifs ? Si ce sentiment est toujours là, même de manière moins intense, répétez le procédé ultérieurement.

Souvent, la libération est comparable à des éléments qui sortent d'un puits : vous en éliminez certains et d'autres encore surgissent. Certaines de nos émotions refoulées sont si profondes qu'elles exigent plusieurs procédés de libération.

Ne vous braquez pas si tous vos ennuis n'ont pas disparu dès la première séance. Il s'agit d'une pratique quotidienne dont les effets bénéfiques seront visibles dans le temps. Si les effets du lâcher-prise ne sont pas à la hauteur de vos exigences, dites-vous que vous êtes trop sévère avec vous-même. Laissez-vous porter par l'exercice, vous y gagnerez à coup sûr un moment privilégié de détente absolue.

Cette méthode comporte six étapes. Lorsque vous aurez pratiqué plusieurs fois la technique pas à pas, il vous sera plus facile de condenser la méthode et de la vivre comme un mouvement continu de relaxation physique et psychique.

Une fois maîtrisée, la technique sera ancrée en vous comme une mémoire, une attitude aisément mobilisable. Quand vous serez assailli par le doute, la contrariété ou la colère, il vous suffira alors de vous demander : « Pourrais-je lâcher prise ? Suis-je disposé à le faire ? Quand ? »... pour commencer à pratiquer sans délai !

Utilisez la technique du lâcher-prise aussi souvent que possible, chaque fois que vous avez la perception d'un sentiment inconfortable et même lorsque vous commencerez à peine à produire le sentiment pour la première fois.

Vous réaliserez qu'il suffit de se rendre compte de l'émergence du sentiment pour commencer à lâcher, à laisser le sentiment s'envoler...

La pratique régulière du lâcher-prise vous apportera bien-être et sérénité dans votre vie quotidienne. Corps et esprit seront libérés du stress...

9. L'éveil du sixième sens

Parlons à présent du fameux « sixième sens ». Oui, c'est ce qu'on appelle aussi « l'intuition » : il paraît que les femmes en ont davantage que les hommes ! En réalité, vous allez voir que tout le monde peut développer ses facultés intuitives et affiner son sixième sens.

George Soros, un des plus célèbres financiers actuels, ne procède pas de manière rationnelle pour investir : tout mauvais placement provoque chez lui des douleurs de dos fulgurantes ! Cet incroyable signal intuitif lui indique qu'il doit peut-être envisager un autre placement, sur une autre entreprise ou un autre produit d'investissement... C'est un sixième sens étonnant. Toujours dans le monde des affaires, Ray Kroc a fait fortune avec la chaîne de restaurants McDonald's... mais ce n'est pas lui qui a inventé le concept ! Ancien pianiste de jazz, il a racheté en 1954 une entreprise qui commençait à peine à se développer : malgré le prix exorbitant demandé par les frères McDonald's (2,7 millions de dollars de l'époque) et les mises en garde répétées de son conseiller financier, Ray Kroc s'entêta. Comme il l'a raconté lui-même : « Je ne suis pas joueur. Mais là, mon instinct ne me laissait pas en paix, il me soufflait de dire : "Topons là !" » Bien lui en prit : il conclut l'achat... et devint milliardaire en quelques années. Enfin, citons le célèbre rêve de Lincoln : une nuit, Lincoln rêva de soldats pleurant auprès d'une tombe ; les soldats lui dirent que c'était le président que l'on venait d'assassiner. Peu de temps après, Lincoln mourait assassiné... Les rêves prémonitoires sont aussi une forme de l'expression du sixième sens.

À l'école, on nous a appris beaucoup de choses, certes, mais cet enseignement a surtout servi à développer notre capacité d'analyse… et très peu notre intuition ! Dès la petite enfance, on nous enseigne que 1 + 1 = 2 : rien de plus rationnel que les mathématiques ! Le système scolaire a surtout servi à faire travailler notre cerveau gauche (rationnel et logique) et beaucoup moins notre cerveau droit (créatif).

De même, dans l'Europe judéo-chrétienne, la spiritualité, la connaissance de soi et d'autrui ne sont pas des choses que l'on enseigne d'emblée à l'école. Dans les sociétés orientales, à l'inverse, une place plus importante est réservée à ces apprentissages : on va au-delà de la seule accumulation de savoir pour explorer aussi la maîtrise de soi, la quête de la paix intérieure, etc. Dans ce contexte, la sensibilité intuitive et relationnelle a plus de chances de se développer chez l'enfant et, plus tard, chez l'adulte.

Je vais essayer de vous expliquer à présent à quel point il est important de s'écouter au quotidien, de faire confiance à son ressenti et à ses intuitions. C'est essentiel pour comprendre le monde, les autres et agir en conséquence. C'est ce qu'on appelle aussi l'éveil du sixième sens.

Il faut commencer par s'écouter…

Ceux qui connaissent l'histoire de Pinocchio se rappellent certainement le personnage de Jiminy Cricket. C'est un petit grillon qui chuchote à l'oreille du héros : Jiminy Cricket est la conscience de Pinocchio, il est le guide, la petite voix intérieure qui conseille. Dans certaines croyances et cultures, on parle de totems, de djinns ou d'anges gardiens. Comme Jiminy Cricket pour Pinocchio, il y a toujours chez l'humain une petite voix qui sert de boussole, indique le chemin dans le noir. Nous n'avons pas toujours les informations pour décider, pour savoir ce qui va se passer le lendemain, pour être certains que nous allons réussir ce concours ou que le voyage que l'on entreprend va bien se passer (ou pas) : mais il y a toujours un ressenti, une intuition qui est là. C'est cela, le sixième sens ! Il suffit de savoir y prêter attention...

En nous se cache un sage intérieur, une partie de nous-mêmes qui « capte » ce qui se passe tout autour et qui nous fait signe dès que c'est nécessaire. D'ailleurs, de tout temps, les hommes ont suivi leur « voix intérieure » pour agir et parfois même pour accomplir de très grandes choses : le général de Gaulle, Victor Hugo ou Pierre et Marie Curie ont très certainement suivi leur intuition pour s'accomplir (dans la résistance et la politique pour De Gaulle ; l'écriture pour Hugo ; la science pour les Curie). Pourtant, dès notre jeune âge, on nous apprend à étouffer et à bâillonner ce sage intérieur. Quel gâchis !

Lorsque, au XIXe siècle, Thomas Edison a inventé la lampe à incandescence, tout le monde le prenait pour un illuminé (sans jeu de mots). À l'époque, être capable de produire de la lumière autrement qu'avec des outils classiques et archaïques était de l'ordre de l'inimaginable ! Pourtant Edison a suivi son intuition et a bel et bien contribué à la révolution de la science.

Parfois, le sixième sens confine à la voyance, à une forme de supra-conscience étonnante : il devient alors une capacité psychique hors du commun dont le fonctionnement est encore mal connu mais est de plus en plus étudié par la science. Certaines personnes sont capables, sans information, de deviner où se trouve dans le monde une autre personne. D'autres sont capables de prévoir l'avenir, de ressentir les changements climatiques, de lire dans les pensées... Ces phénomènes sont encore largement inexpliqués et pourtant ils existent et ils fascinent un large public.

Nous sommes tous doués de sixième sens. Mais nous ne sommes pas tous encore mentalistes confirmés, ni même voyants ou devins. En revanche, il nous est arrivé à tous, un jour ou l'autre, à propos d'une situation, de nous dire : « Ce coup-ci, je ne le sens pas », ou à l'inverse : « Là, j'ai un bon pressentiment. »

Comment sait-on alors « lorsque ça sent bon » ou « que ça sent mauvais » ? Il suffit d'écouter sa voix intérieure.

Pour cela, il ne faut rien contrôler, cesser de penser. À propos de la situation donnée, il n'y a plus de question, juste une attention profonde. C'est en nous que l'on ressent ce que la situation nous inspire : on ne cherche pas de réponse… la réponse vient d'elle-même.

Certaines personnes peuvent ressentir cela comme une voix, d'autres comme une image ou simplement une sensation. La première chose à apprendre pour faciliter cette écoute intérieure est le lâcher-prise (enseigné précédemment). En lâchant prise, en abandonnant le contrôle, le vide se fait. La question est posée intérieurement, on attend simplement la réponse.

Pour ma part, lorsque je dois faire un choix, je me pose la question ainsi : « Est-ce bon pour moi ? » Si, au niveau de mon ventre, je ressens une sensation désagréable, j'en tiens compte : cela veut dire qu'il ne faut pas que j'aille dans cette direction, qu'il ne faut pas que je m'engage dans ce choix.

Quand j'ai commencé à exercer en tant que thérapeute à Bordeaux, une entreprise m'a contacté : elle vendait des espaces publicitaires qui, d'après elle, allaient doper mon activité ! En me posant intérieurement la question : « Est-ce bon pour moi ? », j'ai immédiatement ressenti une gêne intérieure. J'ai décliné la proposition. Les espaces publicitaires annoncés n'ont d'ailleurs jamais vu le jour… J'avais fait le bon choix.

Sachez qu'à chaque fois que vous avez un choix à faire, une partie de vous se manifeste. À vous de savoir y faire attention… et d'écouter le message de votre petite voix intérieure.

Exercice pour développer son intuition

L'inspiration, les pressentiments et ressentis inexpliqués… tout cela, c'est de l'intuition.

Je vous ai appris un peu plus tôt à pratiquer l'autohypnose pour atteindre un état méditatif qu'on appelle « état modifié de conscience ». Je vais maintenant vous apprendre à développer votre intuition au travers d'un exercice très intéressant. En le réalisant plusieurs fois, vous parviendrez à mieux localiser *dans votre corps* cette présence de l'intuition, ce « feeling », cet instinct qui vous sert de boussole.

1. Asseyez-vous dans un endroit confortable où vous pouvez être en paix et où personne ne viendra vous déranger.
2. Faites une « spirale sensorielle » comme dans le chapitre consacré à l'autohypnose : visualisez 5 objets, écoutez 5 sons, ressentez 5 sensations corporelles... en enlevant un élément à chaque fois jusqu'à ce que vous soyez parfaitement détendu (votre main venant éventuellement toucher votre visage sans effort).
3. Une fois que vous êtes parfaitement détendu, vous allez penser au plat que vous n'aimez pas manger.

Pour ma part je n'ai qu'à penser à la choucroute (berk).

Imaginez un serveur de restaurant : il vient vers vous et vous demande si vous voulez manger ce plat que vous n'aimez pas.

EXEMPLE : « EST-CE QUE VOUS VOULEZ MANGER DE LA CHOUCROUTE ? »

Vous devez répondre intérieurement « NON » et ressentir en vous où le « NON » se loge dans votre corps.

Vous devez identifier son emplacement quitte à ce que vous répétiez la demande plusieurs fois.

4. Une fois que vous avez identifié le « NON », sauvegardez-le et imaginez-le sortir de vous à chaque expiration.

Cela permet de revenir à un état de réceptivité neutre.

5. Dès lors que le « NON » aura complètement quitté votre corps, pensez à votre plat préféré. Celui qui vous met vraiment en appétit.

Moi, je pense à une bonne côte de bœuf grillée au barbecue avec des herbes de Provence (j'en salive déjà).

De même que pour l'exercice précédent, vous devez imaginer un serveur de restaurant vous proposant d'en manger.

Dites intérieurement « OUI » et ressentez en vous à quel endroit de votre corps le « OUI » se manifeste.

6. Localisez-le et sauvegardez son implication positive (bien-être, plaisir, congruence...).

Je vous invite à refaire cet exercice plusieurs fois pour, qu'à tous les coups, vous retombiez dans les mêmes endroits du corps et que l'implication soit la même. Il faut que votre « NON » soit toujours au même endroit et il en va de même pour votre « OUI ».

Grâce à cet exercice, vous pourrez vous questionner et ressentir en vous l'endroit qui se manifeste pour répondre à la question : OUI ou NON.

Si à la question posée (« Dois-je accepter ce travail ? »), c'est le oui qui se manifeste avec une sensation similaire à celle éprouvée pour la côte de bœuf (dans mon cas !), c'est que vous pouvez accepter cette proposition professionnelle. Si, au contraire, vous ressentez non pour le fait d'emménager très prochainement avec votre petit(e) ami(e), à l'endroit même où votre corps disait « non » (dans mon cas pour la choucroute), c'est que la vie commune avec cette personne n'est pas faite pour vous... du moins pour l'instant !

Forgez cette boussole en vous

L'intuition est un allié précieux. Et comme tout, ça se travaille ! Pour savoir où se localise votre boussole et comment elle fonctionne, essayez de pratiquer l'exercice que je viens de détailler. Essayez plusieurs fois : certaines personnes ont besoin de trois exercices au moins pour savoir comment fonctionne leur boussole intérieure... d'autres, beaucoup plus ! Donc, ne vous découragez pas si vous n'avez pas tout de suite une réponse « intérieure » à votre question.

Certains d'entre nous ont tourné le dos à leur intuition depuis leur plus jeune âge ! Il est normal que cela ne revienne pas tout de suite.

Je vous conseille de visualiser l'intuition sous les traits d'un enfant : si vous n'êtes pas gentil avec lui, il peut vous bouder quelque temps. Il vous faudra alors le reconquérir et gagner sa confiance.

À propos de confiance... c'est surtout à vous-même que vous devez faire confiance et à vos intuitions informulées. Avec le temps, cette intuition peut énormément grandir et vous guider vraiment ! C'est ce qu'on appelle aussi « déployer ses antennes », son flair.

On croit parfois tenir fermement la barre de notre vie, parce qu'on a le contrôle et qu'on regarde droit devant. Mais il faut parfois fermer les yeux et écouter la voix intérieure qui nous guide plus sûrement que notre volonté.

Pour trouver le nord, rien de tel qu'une bonne boussole... et vous avez de la chance : elle est déjà en vous.

La puissance des synchronicités

Un mentaliste humaniste observe le monde et aime son prochain. Si votre cœur est ouvert et votre intuition affûtée, vous verrez que votre environnement vous le rendra bien : votre vie sera plus facile, plus aisée et vous serez même en mesure de capter *des synchronicités*.

Mais que sont les synchronicités ?

Il s'agit de coïncidences *mystérieuses et signifiantes*, qui sont gorgées de sens et touchent votre affect.

Le psychanalyste Jung a inventé ce terme pour définir ce que le sens commun considère souvent comme un « concours de circonstances ». En réalité, les synchronicités vont bien au-delà de la simple manifestation du hasard. Elles agissent comme des métaphores symboliques et sont des réponses du réel à notre désir. Un jour qu'une de ses patientes lui racontait un rêve où intervenait un scarabée d'or, Jung entendit du bruit derrière lui : un magnifique scarabée d'or venait d'entrer par la fenêtre...

Au départ, une synchronicité est *une connexion invisible entre esprits*, un peu comme si nous communiquions nos envies et nos intentions dans l'espace et que la réalité *se construisait en fonction de nous*. Cela peut paraître fou, mais pourtant...

Supposons que vous soyez un biologiste qui mène des travaux d'une extrême complexité. Après quinze jours de travail acharné, vous butez toujours sur le même problème. Pour vous détendre, vous vous rendez à un dîner. À ce dîner, une personne que vous ne connaissez pas vous livre justement la clé qui vous manquait : une référence très précise dans un livre que vous n'aviez pas pensé à consulter... et qui soudain éclaire toutes vos recherches ! Votre problème est résolu.

C'est comme si votre intention très puissante avait transformé la réalité. À force de désirer quelque chose, la réalité répond à votre questionnement.

Je vous donne maintenant un exemple personnel. Avant que je ne participe au jeu de TF1 *Secret Story*, je me posais beaucoup de questions sur l'ambiance dans le jeu. Et j'avais beaucoup de réflexions en tête... mais personne ne pouvait me répondre car je ne connaissais aucun des anciens candidats ! Un jour que je me rendais à Paris pour un rendez-vous avec l'équipe de production, je tombai nez à nez avec une ancienne candidate de l'émission : il se trouva que nous étions placés juste l'un à côté de l'autre dans le TGV ! Nous avions trois heures devant nous pour discuter... Grâce à cette synchronicité heureuse, je pus poser à cette jeune femme toutes les questions que je voulais. Mais cette synchronicité fonctionna aussi dans l'autre sens : quand ma voisine de TGV me demanda ce que je faisais dans la vie, je lui répondis que j'étais thérapeute. Il se trouvait qu'elle cherchait justement un thérapeute mais n'en connaissait aucun. Comme quoi, la synchronicité peut être à double sens...

ATTENTION : UNE SIMPLE COÏNCIDENCE N'EST PAS UNE SYNCHRONICITÉ !

Imaginons que vous pensiez à votre ami Benjamin... et que celui-ci vous appelle ! Ce n'est qu'une coïncidence. Une synchronicité, elle, va plus loin : elle suppose une intention puissante, un vrai désir auquel la réalité est capable de répondre. La synchronicité a un sens pour nous, elle répond à une demande personnelle.

Les coïncidences peuvent aussi se produire sous forme d'événements, ce que le biologiste Kammerer a baptisé « sérialité ». Lorsque, le même jour, plusieurs accidents de même nature ont lieu ou lorsque des faits comparables se produisent en grand nombre, on parle de « loi des séries ». Même chose si vous êtes invité à manger chez vos beaux-parents et que votre belle-mère vous fait à manger une épaule d'agneau. Quelques jours plus tard, vous allez chez votre grand-mère : elle vous a préparé elle aussi une délicieuse épaule d'agneau. C'est la loi des séries... gastronomiques !

COÏNCIDENCES ET SYNCHRONICITÉS DANS L'HISTOIRE :

Dans l'Antiquité, les coïncidences étaient considérées comme des présages (certains indices présageaient de possibilités futures). Nombreux ont été les philosophes à y réfléchir : Platon, Héraclite et Pythagore ont spéculé sur la puissance des coïncidences. Dans d'autres cultures aussi, on a réfléchi aux coïncidences. Par exemple, en Chine, le hasard était vu comme un miroir qui reflète la vie d'une personne.

En Occident, Jung fut le premier à parler des synchronicités comme de la création d'une véritable connexion entre l'esprit et la matière, entre le psychisme intérieur de l'observateur et le monde extérieur objectif.

Le rôle de l'inconscient collectif et des archétypes

Dans toutes les cultures et sur tous les continents existent des figures communes qu'on appelle *des archétypes* (la figure du sage, du héros, de la mère, du père, du gardien, du diable, de l'enfant, etc.). Ces figures peuplent *l'inconscient collectif* des hommes (autre notion développée par Jung). Parfois, quand notre désir entre en résonance avec l'un de ces archétypes, il vit *une sorte d'état de grâce* qui lui permet d'accomplir de grandes choses... et de créer des synchronicités très puissantes !

Imaginons qu'un écologiste du Larzac milite pour la fin de la pêche à la baleine au Japon. Si sa motivation est très grande, elle peut déplacer des montagnes... Entrant en résonance avec la figure du héros, notre écologiste déménage au Japon, devient très connu là-bas, son action a une influence exceptionnelle sur la cessation de la pêche à la baleine ! Cette fois, son désir a été si fort qu'il n'a pas créé une simple synchronicité... mais qu'il est venu épouser l'un des grands archétypes humains ! C'est d'autant plus efficace pour l'action.

Même chose avec la figure de la mère, par exemple, quand une femme comme mère Teresa finit par s'incarner en une présence bénéfique, pleine d'amour, qui soigne, nourrit et abrite des milliers de nécessiteux à Calcutta, en Inde.

C'est comme si ces archétypes décuplaient l'énergie présente dans les synchronicités potentielles...

Comment attirer une synchronicité au quotidien ?

Il existe des circonstances propices à la réalisation de synchronicités. Nous venons de voir la rencontre entre un homme (ou une femme) et un archétype dans le cadre d'une action exceptionnelle.

Mais, au quotidien, vous êtes aussi capable de vivre des synchronicités. Vous avez appris à vous mettre en état modifié de conscience grâce à l'autohypnose ! C'est déjà une circonstance favorable pour la venue d'une synchronicité. Dans un tel état, beaucoup de réponses peuvent survenir qui orienteront votre chemin.

Je vous recommande également de tenir un *journal de synchronicités*. Procurez-vous un joli cahier et, chaque jour, consignez-y les concours de circonstances, rêves prémonitoires, phénomènes télépathiques, etc., qui se produisent dans votre vie et dans celles de votre entourage. Plus vous leur porterez de l'attention, plus vous les verrez se développer. Notez donc même les petits événements que vous jugez insignifiants mais qui s'apparentent à des coïncidences. Interrogez-vous sur la signification de ces événements et au message personnel qu'ils renferment.

Vous constaterez très vite que l'univers s'organise de telle façon que des synchronicités se mettent souvent en place : pourquoi ? Tout simplement pour vous faciliter la vie et l'embellir, en vous apportant des réponses et en vous montrant le chemin. Nous avons tous besoin d'un guide à divers moments de notre vie. Certaines rencontres *nous remplissent de joie et nous apportent de la sérénité*.

Soyez donc très attentif. Lorsque vous pensez vivre une synchronicité, demandez-vous toujours pourquoi… et ce que cette synchronicité vous a apporté. Pensez que nous sommes tous créateurs de notre réalité : nous attirons ce que nous sommes. Si vous voulez de l'amour… aimez avec votre cœur !

III

Apprenez à connaître les autres et à mieux communiquer

La société est de plus en plus individualiste. Nous nous y sentons parfois perdus, isolés, impuissants et déconnectés. Nous avons l'impression d'être « un pion » sur un échiquier, un pion confiné sur sa case, sans aucun contact avec les autres pions... si ce n'est conflictuel ! Nous avons le sentiment de n'avoir aucune prise sur le réel.

Ce que j'aimerais vous faire redécouvrir, c'est la communication : pas celle de Facebook et d'Internet (qui a certes son utilité !), mais une communication plus profonde qui relie les êtres. Je voudrais vous réapprendre à communiquer pleinement : à apprécier le temps passé avec les autres, à faire en sorte que les uns et les autres, vous puissiez mieux vous connaître pour mieux vous respecter.

Aujourd'hui, communication est souvent synonyme de « consommation » : on tchatte, on communique par iPhone, parfois on est en lien avec plusieurs personnes à la fois, puis on déconnecte, on passe à autre chose... et on se retrouve seul dans son petit appartement ! On communique à plusieurs niveaux : parfois on voit les gens, on les rencontre, on les touche, on parle ensemble, mais on ne s'écoute pas véritablement. Par communiquer, j'entends *entrer vraiment en contact avec l'autre*.

Aujourd'hui, de très nombreux couples divorcent (souvent peu de temps après leur mariage). D'autres préfèrent ne pas s'engager. Ils acceptent d'entrer en relation par le biais de la séduction, du sexe, mais pas de communiquer vraiment. Les êtres semblent devenus interchangeables et nous ne faisons pas l'effort minimal de nous intéresser à eux en profondeur.

Or, je pense que toute communication, avant d'être consommation, pur échange d'information ou simple divertissement, se doit d'être saine et désintéressée. Si je communique avec l'autre, j'essaie de m'intéresser vraiment à lui. Si je rentre en relation avec lui (ou elle) – à plus forte raison si je me fiance, si je me marie –, j'essaie de comprendre quelles sont les aspirations de cette personne. Je me demande en quoi je peux lui faire du bien, lui être utile, comment je peux être un ami ou un partenaire idéal.

Communiquer est parfois devenu un jeu, un passe-temps... mais c'est un jeu sérieux !

Dans cette troisième partie de mon ouvrage, consacrée à « l'interaction avec les autres », je voudrais que vous fassiez vraiment l'effort de comprendre votre prochain. Dans cette partie, j'enseignerai aux apprentis mentalistes plusieurs techniques : séduction, emploi, études... Je compléterai la boîte à outils qu'ils ont commencé à remplir. Nous étudierons « le langage non verbal », ces petits gestes et expressions du visage qui en disent souvent long (le mentaliste est un observateur de la vie et des autres). Nous apprendrons aussi à reconnaître et à déjouer les manipulations. Enfin, nous essaierons de mettre tout cet apprentissage en perspective, afin qu'il puisse vous servir non seulement à vous-même mais aussi aux autres : je suis sûr que si vous le pouviez, vous auriez envie d'aider les autres, de leur faire du bien. Nous avons des réserves de bonté immenses. Car le mentalisme, ce n'est pas qu'un apprentissage pour soi. Ce n'est pas seulement un outil qui sert à être plus fort, mieux armé dans la vie de tous les jours. C'est aussi un profond véhicule d'entraide et de soutien. Je le répète : le mentalisme est un humanisme et je voudrais vous initier à cette « pensée positive humaniste ».

En apprenant à mieux communiquer, votre aura grandira : autour de vous se matérialisera une aura de sympathie que vous pourrez cultiver en permanence. Que vous croisiez une personne dans la rue, que vous cherchiez à obtenir un emploi ou à séduire la personne de vos rêves, vous serez toujours en empathie : cela vous sera d'autant plus facile que saurez maîtriser les arcanes de la communication.

Il vous est sans doute arrivé de ne pas réussir un objectif professionnel car vous ne correspondiez pas aux critères recherchés par l'employeur ? Il vous est peut-être aussi arrivé de passer à côté d'une belle histoire car vous étiez trop timide pour faire le premier pas ? Désormais, donnez-vous les moyens de faire mouche à chaque fois ! Une fois l'art de la communication efficace maîtrisée, les autres viendront d'eux-mêmes vers vous : ils souhaiteront vous rencontrer, travailler avec vous, solliciter votre avis, votre amitié et plus si affinités...

Apprenons donc dès maintenant à mieux communiquer.

1. Apprendre à communiquer efficacement

Vous le savez : notre vie est régie par la communication. Il est impossible de ne pas communiquer. Même si, à table ou entre amis, vous préférez vous taire plutôt que de vous engager dans une conversation qui vous embarrasse ou vous ennuie, vous êtes assis parmi les autres. Vous ne parlez pas... mais vous êtes là. Dans ce cas, vous communiquez votre « refus de communiquer » !

Quelle que soit la situation, même si vous ne parlez pas, il y a toujours quelque chose de vous qui s'exprime : votre corps remue sur sa chaise, vous toussotez, vous êtes raide, vous êtes avachi sur la table, vous avez les épaules qui tombent ou un sourire qui s'élargit sur votre visage : tout cela, c'est du *langage non verbal.*

Tout est communication, nous sommes plongés dans un univers de signes et de communication. Raison de plus pour apprendre à communiquer efficacement ! Quand je parle d'efficacité, je parle de pertinence dans vos propos, dans votre allure, votre gestuelle et votre élocution.

Même si certains individus ont de réelles facilités pour communiquer avec les autres, il est toujours possible d'apprendre et de s'améliorer. Il est important de travailler sa communication pour progresser afin que cette communication devienne *votre meilleure alliée.*

La première chose à travailler, c'est la *sympathie.* Il faut que vous soyez capable de *mettre à l'aise* n'importe qui : je pense à votre entourage bien sûr (famille et amis), mais aussi à vos relations de travail, vos voisins et de manière générale n'importe quelle personne que vous serez amené à rencontrer ou à côtoyer. Même le type, là, qui passe dans la rue à côté de vous… ou cette femme dans les transports en commun qui a failli vous bousculer. Tout le monde.

Cette sympathie doit émaner de vous : comme la confiance en soi, elle est un carburant. C'est une aura qui fait qu'on se sent immanquablement attiré par vous et à l'aise en votre compagnie.

En général, nous n'avons que quelques secondes pour mettre à l'aise une personne que nous venons de rencontrer. Mieux vaut donc mettre toutes les chances de notre côté pour que l'échange se passe au mieux !

De la sympathie à l'empathie, il n'y a qu'un « pas ». L'empathie, c'est comprendre l'autre. Mais c'est aussi être persuadé qu'on est soi-même quelqu'un qui vaut la peine d'être rencontré…

Quand le président Obama a cherché un candidat pour être juge à la Cour suprême, il a insisté sur la nécessaire faculté d'empathie que devait posséder le futur juge… et il a finalement choisi une femme, Sonia Sottomayor ! Est-ce à dire que les femmes sont capables de plus d'empathie que les hommes ? Certaines études semblent le suggérer. Par ailleurs, et contre toute attente, d'autres études indiquent que le coefficient d'empathie des grands chefs d'entreprise, hommes ou femmes, est toujours assez élevé. Il y a en réalité trois sortes d'empathie : *l'empathie cognitive* (la faculté de comprendre le discours de l'autre), *l'empathie émotionnelle* (la faculté de ressentir l'émotion de l'autre) et ce qu'on pourrait appeler le « *souci empathique* » : au-delà de la capacité à comprendre ce que l'autre pense et ressent, il faut avoir le désir profond de se mobiliser pour lui, de l'aider et de lui faire du bien dans la mesure du possible. Tout cela se travaille et se développe. Les chercheurs américains insistent sur la nécessité d'apprendre dès le plus jeune âge à développer ses facultés d'empathie. Cela passe notamment par l'observation de l'autre et de ses expressions faciales… mais nous verrons cela un peu plus loin !

Imaginons que vous avez un rendez-vous d'ici à 5 minutes. Comment faire pour booster votre empathie ? Avant même la rencontre, vous devez vous imprégner de ce qu'il y a de meilleur en vous. Vous devez y penser souvent, chez vous (c'est un exercice et nous y reviendrons). Quand vient la rencontre ou le moment d'échange avec une personne que vous connaissez peut-être déjà, devenez, le temps de cet échange, *la personne idéale* : cette personne que vous voudriez avoir le plaisir de rencontrer ou de compter parmi vos amis.

J'ai trop souvent entendu : « Moi, je suis comme ça, on m'accepte comme je suis ou basta ! » Ce genre de phrase m'a toujours stupéfié : elle est reflet d'une mentalité autocentrée qui ne prend pas véritablement en compte la dimension interpersonnelle de la vie ! Or, pour exister dans le monde, il faut être capable de se relier à autrui. Nous sommes ce que nous voulons être et nous sommes aux commandes de notre charisme, de notre rayonnement. Nous sommes responsables du pouvoir d'attraction que nous avons sur les autres. Ne croyez pas que les autres ont une image toute faite de vous : c'est vous qui créez en eux une image positive, une envie de vous rencontrer ou de vous revoir. Si vous êtes tout d'un bloc et « ne faites pas d'effort », cette image se modifiera. Même les gens qui vous aiment (ou vous aimaient !) finiront par se détourner de vous. La communication se travaille, se cultive... et cette aura personnelle aussi.

MAINTENANT, FAITES LE TEST.

Vous voulez paraître odieux ? Soyez, une journée entière, désagréable et hautain. Il y a des chances pour que les gens le remarquent... et vous considèrent comme un être odieux.

À l'inverse : optez pour l'optimisme, soyez radieux et sympathique et vous verrez que vous avez la capacité de transformer le monde autour de vous.

Vous trouvez que j'exagère ? *Vous avez la capacité de contrôler la pensée des autres*. Si vous vous montrez sympathique, les gens penseront automatiquement que vous êtes sympathique. C'est aussi simple que ça... Selon une étude américaine, pour 50 % des gens, le sourire est la première chose que l'on remarque : un sourire sincère illumine un visage, exprime assurance, chaleur et authenticité, il inspire confiance. Donc : souriez !

La prochaine fois que vous serez dans les transports en commun ou que vous vous baladerez près de chez vous, amusez-vous aussi à observer les gens : quels sont ceux qui vous semblent sympathiques ? Vous constaterez qu'ils sont peu nombreux. Mais quand vous en repérerez un (ou une), voyez : c'est comme si ces personnes faisaient « du bien autour d'elles ». Et c'est vraiment le cas ! Lorsque nous nous montrons sympathiques ou que nous sourions, nous dégageons une énergie positive : cette énergie est captée inconsciemment par les gens qui nous frôlent, qui passent à notre portée, qui nous aperçoivent... et qui bien sûr échangent avec nous.

En revanche, lorsqu'une personne est stressée à nos côtés, nous devenons presque automatiquement stressés nous aussi ! Cette personne nous a transmis son stress, sans rien dire, sans rien faire, juste en exprimant ses ondes négatives.

Voici maintenant un petit exercice que vous ferez quand vous aurez le temps ou l'envie ! Essayez de passer toute une journée le sourire aux lèvres. Dehors, saluez d'un geste de la tête les passants que vous croiserez. Vous croyez peut-être que vous allez passer pour un doux dingue ? Sachez qu'il n'en est rien : vous venez juste de commencer à cultiver cette fameuse aura de sympathie que tous les meilleurs communicants possèdent.

Nous allons à présent aborder ensemble les bases indispensables à maîtriser pour communiquer efficacement.

Quand savons-nous que notre communication est efficace ?

Votre communication est-elle pertinente ? Elle a de grandes chances de l'être si vous possédez ces deux clés :

1. Je sais ce que je veux.

2. Je trouve ce que je cherche.

C'est votre cas ? Tant mieux. Bien sûr, notre communication n'est pas réussie à tous les coups. Parfois, on sait ce qu'on veut... mais on ne trouve pas ce qu'on cherche ! Il faut donc être capable de s'adapter.

Il y a donc une 3e clé :

3. Tant que je n'ai pas trouvé ce que je cherche, j'adapte ma communication.

Imaginons que vous soyez parti en vacances avec des amis dans une belle maison au bord de la mer. Hélas, dans votre chambre, l'un de vos camarades ronfle atrocement !

Votre objectif, c'est de ne plus pâtir de ces ronflements intempestifs. Vous parlez donc à votre ami : « Tu sais, tu ronfles beaucoup, ce serait peut-être bien que tu dormes dans le salon... »

Si votre ami se braque (ce que vous avez certainement anticipé !), adaptez votre discours... et proposez-lui des solutions :

« Tu pourrais peut-être demander au pharmacien une solution pour tes ronflements. »

« On pourrait mettre tous les ronfleurs dans la même chambre. »

« Si tu veux, je veux bien essayer de mettre des boules Quies la nuit prochaine, mais je ne te garantis rien. »

Etc.

Il y a plein de manières d'envisager la communication, de proposer des solutions : dites-vous que vous avez un objectif et que l'essentiel est de parvenir à vos fins (en toute humanité, bien sûr). L'objectif est comme un point au milieu d'une cible... et la communication, ce sont tous les chemins pour parvenir jusqu'à ce point ! Si votre communication échoue, faites un pas de côté et essayez un autre chemin (une autre façon de parler, formulez une autre proposition, etc.).

Vous l'avez compris : communiquer, c'est une stratégie. On ne communique pas *pour rien*. Communiquer est un outil entre nos mains : on se fixe des objectifs et on essaie d'adapter la méthode. Communiquer vise à obtenir quelque chose, à créer un état de conscience chez notre interlocuteur. Cela ne veut pas dire que l'on veut le manipuler ou que la communication intervient parce que l'on veut à tout prix obtenir quelque chose ! Quand vous racontez une histoire, vous la racontez du mieux possible, non ? Vous soignez votre communication pour que votre ami(e) réalise à quel point vos vacances en Espagne étaient géniales. Vous lui décrivez le voyage, vous racontez la plage, la fête, les gens... Vous racontez quelques anecdotes amusantes, vous employez les mots qu'il faut et vous mettez de l'enthousiasme dans votre voix ! Bravo : vous vouliez épater votre ami(e), lui faire passer un bon moment, le (ou la) faire rêver... et vous avez réussi ! Cela aussi, c'est une stratégie : une stratégie bénéfique.

Je voudrais vous donner à présent d'autres éléments pour améliorer vraiment votre communication. Il s'agit des outils de PNL.

Qu'y a-t-il dans cette nouvelle boîte à outils ?

Quand on parle à quelqu'un, il faut d'abord ressentir le comportement de notre interlocuteur, savoir « à qui on a affaire » : cela s'appelle la *calibration*.

Pour que les messages que l'on veut faire passer fassent mouche, il faut que notre talent d'orateur soit parfait. Il faut pour cela capter *le sens dominant* chez l'interlocuteur. Est-il visuel ? kinesthésique ? auditif ? Cette technique s'appelle le VAKOG (je vais l'expliquer en détail, ne vous inquiétez pas).

Ensuite, pour faire vraiment corps avec la personne avec qui nous communiquons, il faut être synchronisé à elle. Il faudrait presque que cette personne « devienne ce que je suis » et que ce que je suis devienne « ce qu'elle est » : c'est ce qu'on appelle la *synchronisation*.

Nous allons étudier aussi d'autres techniques de base de la communication : la reformulation, la position basse et le feedback. Nous apprendrons aussi à dire « non » pour ne plus subir les autres et sortir du rôle de victime.

Nous allons voir tous ces outils ensemble, pas à pas.

La calibration ou l'observation de l'autre

Vous rencontrez quelqu'un pour la première fois ? C'est passionnant. Il y a des chances pour que cette personne et vous soyez attirés l'un par l'autre. Ou qu'un professionnel, avec qui vous entamez une longue conversation, ait un travail à vous offrir. Il peut s'agir aussi d'un camarade, d'un collègue, d'un nouvel ami... La première rencontre est riche d'enseignements : il faut être capable d'observer tout ce qui se passe chez l'interlocuteur. Bien sûr, vous écoutez ce que la personne vous raconte. Mais êtes-vous attentif à ses expressions du visage, à sa posture, à ses gestes, à son ton de voix et même au mouvement de ses yeux ? Tout cela est important : c'est une mine d'informations !

Un véritable mentaliste, quand il s'adresse à quelqu'un, doit être capable de *calibrer* son interlocuteur : de cerner son profil psychologique au travers d'une foule de détails. Est-ce que la personne fronce les sourcils ? Est-ce que sa bouche est crispée ou détendue ? Est-ce que l'homme vous regarde dans les yeux ou vous parle en détournant la tête ?

Calibrer vous permet d'observer les autres, que ce soit dans la gestuelle ou dans la parole. Attention : n'interprétez pas tout de suite ce que vous voyez. Constatez d'abord de manière objective les réactions de votre interlocuteur.

Au cours, de la conversation, le fait d'aborder des sujets plus ou moins délicats (amour, politique) peut être aussi un bon moyen de calibrer la personne : les sujets de conversation inédits ou inattendus poussent la personne dans ses retranchements et l'entraînent à exprimer toute une palette d'attitudes, d'émotions très visibles. L'agacement peut apparaître, ou le rire, le malaise... N'hésitez pas à amener l'autre sur des sujets différents pour voir comment il réagit !

La calibration permet d'évaluer « globalement » la personne. C'est une attitude à adopter par le mentaliste quand il communique : n'oubliez pas que la majorité des informations ne passent pas par la parole... mais par le corps !

Regardez Nicolas Sarkozy… ou Ségolène Royal !

Le président de la République *agite souvent les épaules*, comme s'il souhaitait se défaire d'une pression trop importante (celle de l'opinion ?), comme s'il était entravé. C'est un esprit libre, fort, qui a toujours *rejeté l'autorité* : celle de son frère aîné… puis celle de Jacques Chirac. Par ce mouvement d'épaules, il signifie que rien ni personne ne peut le contraindre… comme certains bébés ou enfants qui ne veulent pas être pris dans les bras d'un adulte !

Nicolas Sarkozy arbore aussi parfois un *sourire discret, ironique ou sarcastique* quand on lui parle : il n'arrive pas à cacher ses émotions, il sourit comme s'il s'apprêtait à faire un coup pendable… ou comme si son interlocuteur était totalement risible, à côté de la plaque ! Cela traduit un caractère et même une action politique qu'on peut qualifier d'iconoclastes, provocateurs, comme ce sourire.

En deux attitudes, nous avons déjà pas mal d'informations sur la psyché de cet homme.

Parlons maintenant de Ségolène Royal. L'ancienne candidate à l'élection présidentielle arbore souvent un *sourire figé* : comme si elle se voulait heureuse, sereine et satisfaite en toutes circonstances, *imperméable à la critique, aux avanies*. Elle avance aussi très souvent la tête haute : elle est un caractère fort, elle ne baisse pas la tête, ni les yeux, c'est une posture *conquérante*.

En 2007, au moment de l'élection, elle avançait souvent vers son public *bras grands ouverts*… telle une figure christique, voulant à la fois faire *don de soi* à la France et embrasser ses ouailles.

Étudions maintenant le mouvement des yeux… c'est une des clés de la calibration !

« Le mouvement des yeux » :

En PNL, on travaille beaucoup sur le mouvement des yeux. Des milliers d'heures d'observation et de recherches sur des populations variées ont été nécessaires pour démontrer que la position des yeux – haut, bas, droite, gauche – a une signification. Voici quelques clés pour vous y retrouver et réussir, par exemple, à déterminer si les gens disent la vérité ou non :

Quand on imagine... les yeux se dirigent en haut à droite. Par exemple quand on imagine un éléphant rose...

Quand on se souvient d'une image... les yeux se dirigent en haut à gauche.

Par exemple quand on pense au moulin à légumes de sa grand-mère...

Quand on entend un son… les yeux se dirigent à droite (comme sur une ligne) vers l'oreille.

Par exemple : « Quel est le son d'un coq qui slame ? »

Quand on se rappelle un son… les yeux se dirigent à gauche vers l'oreille.

Par exemple : « Quelle est la musique de mon réveil ? »

Quand on se parle à soi-même... les yeux se dirigent en bas à gauche.

Par exemple si vous vous livrez à un calcul mental...

TEST

Si vous remarquez que votre interlocuteur a ses yeux qui se dirigent en bas à gauche, dites-lui : « À quoi tu penses ? » Il devrait vous répondre : « J'étais en train de me dire que... »

Quand on ressent une sensation... les yeux se dirigent en bas à droite.

Par exemple quand on se remémore l'odeur d'un parfum ou quand on a mal...

TEST

Demandez à un ami : « Souviens-toi de ce que tu as ressenti la dernière fois que tu as vu ton idole ? » ou encore : « Ressens la sensation que fait le sable quand tu en prends une poignée ? »... et regardez si ses yeux vont en bas à droite !

Vous doutez encore de la puissance des émotions corporelles ?

Faites les exercices suivants :

Exercice 1 :

Demandez à un ami de vous raconter deux souvenirs : l'un est positif, l'autre négatif.

N'écoutez pas ce qu'il raconte.

Soyez attentif uniquement aux émotions, aux attitudes, aux gestes, à la posture.

Notez tout ce qui est véhiculé par le corps *quand le souvenir positif est raconté.*

Notez ensuite tout ce que le corps exprime *quand le souvenir négatif est raconté.*

Vous voyez la différence ?

Dans le premier cas, le corps s'anime et dégage une émotion positive, le visage est ouvert, une empathie se dégage...

« Je suis parti en vacances à New York avec des amis, c'était super, la ville est magnifique, on a fait énormément de choses, on s'est beaucoup amusés et on s'est très bien entendus. On a même été invités à une fête extraordinaire sur le toit d'un immeuble. Le dernier soir, j'ai rencontré une fille magnifique et nous nous sommes embrassés. Je crois que je suis amoureux... »

Essayez de raconter ce souvenir... et vous verrez comment votre corps s'animera naturellement de manière positive !

Dans le second cas (souvenir négatif), le corps est aussi animé, mais peut-être tendu ou refermé sur lui-même.

Le visage exprime éventuellement de la souffrance et de la négativité se dégage de votre ami.

Là aussi... inventez un souvenir négatif (écrivez-le), puis dites-le à haute voix. Le corps sera chargé instantanément d'émotions négatives et véhiculera des signaux en ce sens.

EXERCICE 2 :

Maintenant, voici un autre exercice.

Demandez à un ami de vous raconter deux situations similaires, par exemple, une journée au bureau, sauf que l'une s'est très bien déroulée, l'autre très mal (il y a eu un incident, un accrochage avec quelqu'un, du travail à faire en urgence, etc.).

Attention : votre ami doit vous raconter les deux situations *comme si elles s'étaient très bien déroulées l'une et l'autre*.

À vous de remarquer le changement dans le ton de la voix, le comportement, les mimiques...

Petit truc : si vous n'arrivez pas à savoir quand votre ami « ment », demandez-lui de tendre un bras en avant. Appuyez ensuite sur son bras : quand il est sincère, il est beaucoup plus difficile de faire descendre le bras en appuyant dessus que quand il ment. En effet, quand nous disons la vérité, nous sommes *pleinement engagés* dans notre corps. Nous avons plus d'énergie et le bras résiste mieux. Faites le test, vous verrez !

Le VAKOG ou les canaux sensoriels

Le VAKOG, kézako ? Quel nom barbare ! C'est pourtant une technique très employée en PNL.

VAKOG est l'acronyme de « Visuel, Auditif, Kinesthésique, Olfactif, Gustatif ». Notre relation au monde passe par au moins l'un des cinq sens (vue, ouïe, toucher, odorat, goût) : c'est sur cette idée que la PNL s'appuie pour construire un outil qui, vous allez le voir, est très utile !

Nous sommes des êtres parlants. Par la parole, nous communiquons. Les mots sont l'expression de notre pensée, mais aussi de notre ressenti. Or, selon les personnes, ce ressenti passe *par un ou plusieurs des cinq sens principaux*. Certains d'entre nous sont visuels, d'autres plus tactiles, auditifs, etc. Notre communication s'en ressent.

Vous avez peut-être remarqué comment certaines personnes utilisent très souvent la formulation suivante : « Je vois ce que tu veux dire » ou des formulations voisines : « Je vois pas du tout », « J'ai vu que tu avais fait ceci », « Faut voir, je suis pas sûr que ça marche », etc. Ces personnes sont évidemment *visuelles*, le sens de la vue est prédominant chez elles !

D'autres affectionnent particulièrement cette phrase : « J'entends ce que vous dites » (ou : « Ça ne sonne pas bien à mes oreilles », « Ça sonne bizarre », etc.). Ces personnes sont forcément davantage *auditives*.

Enfin, une personne qui dit tout le temps : « Je le sens bien, ça » (ou : « Je ne le sens pas »...) aura une prédilection pour le sens du toucher (cette personne est peut-être d'ailleurs assez tactile) : on dira qu'elle est *kinesthésique*.

Quand on étudie les techniques de communication, on réalise que ces cas de figure se produisent très souvent ! Vous et moi avons tendance à nous exprimer en référence au sens qui nous est le plus cher, qui est primordial chez nous (même si nous n'en avons pas conscience). Si notre interlocuteur sait repérer le sens au travers duquel nous nous exprimons le plus (la vue, l'ouïe ou le toucher principalement), il aura plus de facilité à communiquer avec nous : souvent, les excellents vendeurs sont capables de repérer le canal privilégié de leurs clients potentiels !

À vous, maintenant, d'essayer de repérer quel est le sens privilégié par tel ou tel de vos proches ! Pour cela, soyez attentif à leur vocabulaire. Chaque mot, chaque tic de langage, chaque expression favorite compte pour dresser un rapide profil de communication.

Prenons l'exemple d'une soirée au cinéma. Un soir, vous décidez avec trois amis d'aller voir un film qui, vous le savez pour avoir lu les critiques, est un excellent spectacle ! On ne vous a pas menti, le film est vraiment formidable. Sur le chemin du retour, vous demandez à vos amis ce qu'ils ont pensé du film. À partir d'un même avis positif

(« ce film était excellent »), vous allez voir que la manière de décrire le film va énormément différer *selon le sens dominant* chez chacun de vos trois amis.

David, généralement assez difficile dans ses choix cinématographiques, vous dit : « C'était sensationnel ! » Camille, quant à elle, a trouvé ce film « vivant et harmonieux » : elle a adoré la bande-son qui colle parfaitement au jeu des acteurs. Enfin, Audrey a trouvé le film « sublime » : elle a beaucoup aimé les couleurs et teintes utilisées par le réalisateur pour éclairer son œuvre. Selon elle, ce film est tout simplement « brillant » !

Analysons à présent ces différents comptes rendus au regard du VAKOG. David est *kinesthésique* : le terme « sensationnel » est révélateur de son ressenti, qui passe par une émotion presque physique, qui englobe le corps entier, qui transporte... On est ici dans le registre du toucher, du corps. Camille, elle, est *auditive* : le film est « harmonieux », une harmonie générale se dégage du film, un peu comme en musique ! Enfin, Audrey est *visuelle* : « brillant » est un mot qui appartient au vocabulaire du visuel, il désigne ce que seul l'œil peut distinguer. En plus, Audrey, quand elle n'aime pas quelqu'un, dit que cette personne est « sombre » ! Le canal de référence de vos trois amis est donc clairement établi.

David est kinesthésique (« sensationnel »).

Camille est auditive (« harmonieux », la bande-son).

Audrey est visuelle (« brillant », les couleurs).

Mais à quoi sert le VAKOG ? Je dirais que cette démarche a pour but d'améliorer votre communication et votre synchronisation. Pour bien communiquer, il est essentiel de capter *le canal principal* de votre interlocuteur afin d'entrer en douceur dans son univers. Communiquer efficacement, c'est prendre *des références et des ressentis communs*. Cela veut dire adopter le canal de la personne en parlant avec le même type de vocabulaire sensitif qu'elle, en reprenant ses expressions favorites, etc. Ainsi, si vous êtes à la base plutôt visuel et que votre interlocuteur est kinesthésique, il vous suffira de devenir kinesthésique juste le temps de votre dialogue !

Je vous donne ci-dessous quelques expressions types qui vous aideront à repérer le canal de votre interlocuteur. Bien entendu, il y a beaucoup d'autres expressions qui signalent le canal sensoriel de votre interlocuteur. À vous de les remarquer et de compléter mes listes !

Vocabulaire d'un visuel

Pour exprimer son incrédulité : « Mon œil ! Je ne te crois pas ! »

Pour décrire son humeur, son sentiment du moment : « Je broie du noir », « Je vois la vie en rose », « Toute cette histoire me paraît floue », « Cela va me coûter un œil ! »...

Pour confirmer ou infirmer un propos : « C'est clair », « Tu n'es pas net », « Je vois très bien ce que tu veux dire. »

Par ailleurs, n'oubliez pas que le visuel utilise très souvent un vocabulaire imagé !

Dans la liste, on peut ajouter aussi : « Je vais tout nettoyer en un clin d'œil », « Tu as les yeux plus gros que le ventre ! », « Il paraît que... », « Je crois que cette fille me fait les yeux doux », « Cet homme est un véritable porc », « C'est du cinéma ! », « Sans l'ombre d'un doute »...

Vocabulaire d'un auditif

Lors d'une discussion, l'auditif pourra utiliser une large gamme d'expressions qui paraissent toutes faites, très courantes... mais qui en réalité signalent bien son canal sensoriel : l'ouïe !

Par exemple : « J'entends bien ce que tu essaies de me dire », « Je ne sais pas si j'ai raison, mais en tout cas ça me parle », « C'est inouï », « Cela ne me dit vraiment rien », « Tous les deux, on s'entend super bien », « Cette personne fait la sourde oreille », « Il aime bien s'écouter parler », « Je suis d'accord, je ne suis pas d'accord »...

Etc.

Vocabulaire d'un kinesthésique

Le kinesthésique aura tendance à faire appel à un vocabulaire évoquant des parties de son corps ou des sensations.

Par exemple : « Cette histoire me touche », « J'ai chaud au cœur », « Ça me fait froid dans le dos », « Je n'ai pas digéré le coup qu'il m'a fait », « Je le sens bien », « T'es lourd, maintenant ! », « Quand elle me regarde, je fonds », « Tu es à côté de tes pompes aujourd'hui »...

Nous venons de voir de plus près le VAK. Mais qu'en est-il du O et du G dans le VAKOG ? *L'olfactif et le gustatif font en réalité partie du kinesthésique* mais ils ont aussi un vocabulaire qui leur est propre.

Voyons donc quelles sont les expressions associées à ces deux canaux spécifiques.

VOCABULAIRE D'UN OLFACTIF

L'olfactif dit par exemple : « J'ai eu le nez fin », « Alors lui, je ne peux pas le blairer », « J'ai résolu ce problème au pif », « J'ai eu mon permis de conduire les doigts dans le nez ! », « Elle le mène par le bout du nez »... Vous voyez : tout cela entre dans un cas de figure lié à l'olfactif.

VOCABULAIRE D'UN GUSTATIF

En revanche, si vous entendez : « Tu me dégoûtes », « Cette fille est bonne », « J'en ai l'eau à la bouche », « Ce type est amer », etc., vous serez en présence d'une personne qui fait appel au canal « gustatif ». Bien entendu, cette personne peut être aussi visuelle et olfactive. Nous avons souvent un canal principal, très repérable... associé à d'autres canaux d'expression.

Nous venons de voir ensemble le vocabulaire lié aux différents canaux sensoriels du VAKOG. Cela dit, tous les mots que l'on emploie ne sont pas forcément liés au sensoriel : certains sont neutres et ne peuvent pas déterminer de canal particulier. Je pense par exemple aux verbes suivants : apprendre, savoir, choisir, connaître, penser, croire... Ceux-ci sont très souvent employés dans la conversation mais ils font plutôt référence à l'intellect, ils ne sont pas connotés au sensoriel.

La synchronisation ou le miroir de l'autre

Examinons à présent la synchronisation : c'est une technique puissante qui provoque un sentiment de jubilation lorsque vous l'expérimentez. Elle complète les outils déjà analysés jusqu'ici (calibration et VAKOG).

1 + 1 = ... 1

Cette technique permet véritablement *de ne faire qu'un* avec son interlocuteur, de se synchroniser puissamment sur son rythme d'expression, sa façon d'être, de parler et de bouger. Elle vise à se confondre avec l'autre et à créer une empathie très importante. Grâce à votre art de la synchronisation, votre interlocuteur se sentira en confiance : il aura l'impression que vous écoutez vraiment ce qu'il vous dit et que vous le comprenez totalement. Il se dira : « Lui et moi, on est vraiment sur la même longueur d'onde » !

Mais comment se passe la synchronisation en pratique ? Essayez *d'imiter* votre interlocuteur, de parler, de bouger et de réagir comme lui. Vous allez voir, c'est très simple...

Bien entendu, il ne s'agit pas d'imiter grossièrement le comportement de l'autre ! Vous avez déjà marché au côté de quelqu'un dans la rue ? C'est de la synchronisation : à un moment donné, votre pas se calque sur celui de votre compagnon... Cela se fait presque automatiquement.

Avec subtilité, développez votre synchronisation comme ceci : quand vous êtes face à quelqu'un, que vous lui parlez, *imaginez que vous devenez son reflet dans un miroir, comme son frère jumeau*. Au fur et à mesure de l'imitation, votre rythme cardiaque en viendra peut-être même à se calquer sur celui de l'autre ! Bien sûr, dit comme cela, la synchronisation peut paraître compliquée à appliquer et éprouvante. En réalité, c'est un procédé tout à fait simple et naturel. Il suffit d'observer les gens « synchronisés » qui gravitent tout autour de nous. Vous avez vu comme les gens sont *synchrones*, dans la rue ? Regardez les couples. Vous pouvez voir que, peu importe la longueur des jambes ou la taille du partenaire, un couple arrivera toujours à marcher au même pas, à la même cadence. Le déplacement du couple est harmonieux : les amoureux sont en synchronisation profonde. En regardant bien, vous pouvez même essayer de deviner depuis quand les tourtereaux sont ensemble : chez les vieux couples, la synchronisation est allée si loin qu'ils finissent parfois par quasiment se ressembler ! Dans un vieux couple, l'un finit la phrase de l'autre, l'homme et la femme parlent en même temps comme s'ils récitaient une seule ligne de dialogue. À l'inverse, chez un tout jeune couple, la synchronisation n'est pas toujours idéale : c'est vrai quand un couple vient de se rencontrer ou qu'il en est encore au stade de la séduction. Il y a quelque chose de heurté dans les mouvements, dans les énergies : le couple est encore maladroit. À plus forte raison, quand un couple se dispute : la synchronisation disparaît, l'entente aussi et les énergies sont discordantes. En fait, la synchronisation est un procédé tout à fait naturel : elle est partout autour de nous et vous la pratiquez déjà certainement avec vos proches. Elle s'est installée petit à petit avec votre meilleur(e) amie, avec votre enfant, votre neveu ou nièce, avec votre compagne ou compagnon, bien sûr...

Pourquoi cette synchronisation est-elle efficace ? Lorsque vous bougez et parlez de la même manière que l'autre, il se crée *une passerelle inconsciente*, un lien qui se met en place et établit un contact privilégié. Pour ma part, j'ai constaté lors des dîners de famille que j'étais en synchronisation avec mon grand frère Romain. Pendant les conversations à table, celui-ci me devance souvent : parfois je n'ai même pas le temps de dire la phrase que j'ai en tête que Romain la dit haut et fort, de la même façon que moi et presque parfois mot pour mot.

En thérapie, c'est la même chose : je me synchronise systématiquement avec mes patients. Cela me permet de créer un climat de confiance, de mettre à l'aise la personne. Souvent, je suis tellement synchronisé... qu'il m'arrive d'être en communion de pensée avec mon patient (comme avec mon frère Romain !). Un jour, un jeune homme qui souffrait de boulimie était venu me voir. Pour entamer l'induction hypnotique, je commençai à lui parler d'un petit village du sud de la France où nous allions voyager ensemble en esprit... Soudain, sans que je l'aie décidé, je me mis à lui parler d'un village des Vosges et d'une chapelle en construction. À la fin de la séance, le jeune homme me demanda comment j'avais fait ! Je venais de lui parler de son village natal, où il y a une chapelle en construction. « Quand vous m'avez dit de fermer les yeux, j'ai immédiatement pensé à mon village. Ça m'a donc étonné que vous le décriviez si bien », me dit-il... Cette synchronisation puissante avait mis en contact nos deux inconscients !

De nombreuses études scientifiques ont prouvé la puissance de la synchronisation, qui est naturelle chez l'homme...

Le langage lui-même témoigne de la façon dont les êtres humains sont capables d'être en synchronie : « Le courant passe entre nous », « Nous avons des atomes crochus »... sont des expressions qui disent bien à quel point on peut être synchro avec quelqu'un ! Je crois que la synchronisation est au cœur de *tous les rapports humains positifs* et tout particulièrement à l'œuvre dans les relations amicales et amoureuses.

Revenons à notre exemple du couple synchronisé. Au restaurant, les deux amoureux vont lever leur verre en même temps et manger au même rythme. Et vous, est-ce que vous vous rappelez votre premier dîner en amoureux ? Peut-être étiez-vous stressé ou un peu gauche à cause du stress. La synchronisation a mis du temps à s'installer : vous avez peut-être bégayé ou renversé votre verre. À l'inverse, si vous étiez immédiatement à l'aise et en empathie avec la personne qui vous plaisait, la synchronisation a pu s'installer naturellement, sans effort : elle est devenue le ferment d'une relation durable. En tout cas, qu'elle soit là d'emblée ou pas, la synchronisation se travaille !

Si vous avez encore des doutes sur la puissance de la synchronisation, laissez-moi vous donner un exemple typique de synchronisation à plusieurs : celui du *match de football*. Que vous soyez assis dans les gradins ou tranquillement installé devant votre télévision, que vous soyez fan de sport ou pas spécialement, lorsqu'un but est marqué, tout le monde se lève à l'unisson ! C'est étonnant, n'est-ce pas ?

À présent, je voudrais vous apprendre à travailler votre synchronisation, à être capable de la développer même auprès d'une personne avec qui « le courant ne passe pas » a priori. Il est important que vous sachiez susciter cette synchronisation même si la personne en face de vous ne fait aucun effort. C'est important pour augmenter votre pouvoir d'influence ou votre capital de sympathie.

Reprenons l'exemple de la personne avec qui vous discutez mais qui se montre plutôt hermétique ou fermée : être en synchronisation avec elle va vous permettre d'être dans l'axe de sa pensée. En faisant corps avec l'autre par le biais de la synchronisation, nous allons réussir à toucher cette personne au cœur même de sa réalité. Votre interlocuteur aura tendance à vous faire davantage confiance et à mieux se laisser guider (tous les thérapeutes vous le diront, la synchronisation est un outil majeur dont ils usent avec leurs patients parfois récalcitrants ou trop angoissés pour être ouverts au changement).

D'ailleurs, la synchronisation est un phénomène si puissant que, quand nous sommes brutalement coupés du lien psychique et émotionnel entretenu avec un proche (quand nous sommes victimes d'un accident ou que nous nous mettons à tromper notre petite amie, par exemple), l'autre va ressentir, parfois à des milliers de kilomètres de nous, cette soudaine « désynchronisation » !

Je voudrais aussi souligner ce point : la synchronisation ne doit jamais être au service de mauvaises intentions (séduire dans un but dommageable à l'autre, imposer sa volonté, assouvir ses envies sans le consentement de l'autre, abuser de l'affection que l'on vous porte, etc.). La synchronisation ne doit pas servir à des fins uniquement personnelles. Il s'agit d'une forme perfectionnée de communication qui doit aller dans les deux sens, dans l'intérêt des deux parties.

Pour maîtriser parfaitement la technique de la synchronisation, il vous faudra être observateur et attentif aux autres. Grâce à la synchronisation, vous verrez très vite votre capital de sympathie augmenter.

Passons maintenant à la pratique.

Comment entrer en synchronisation avec quelqu'un ?

La synchronisation parfaite nécessite la maîtrise de trois étapes qu'il faut suivre dans l'ordre suivant :

1re ÉTAPE : LE MIROIR : (MIRRORING *EN ANGLAIS*)

Cette première étape est assez simple. Il faut que vous fassiez comme votre interlocuteur : que vous soyez son image, son reflet dans un miroir.

Pour cela, vous devez d'abord *copier son attitude corporelle* générale. Vous vous placez, par exemple, dans la même position (debout si l'autre est debout, assis s'il est assis, dos droit si le dos de l'autre est droit, dos courbé s'il est courbé, etc.).

Ensuite, il vous faut *adopter la même façon de parler* (même vocabulaire, mêmes expressions, même accent...).

Essayez, dans un troisième temps, de *calquer votre rythme respiratoire* sur celui de l'autre. À cette étape de synchronisation, la respiration joue un grand rôle : elle permet de rassurer votre interlocuteur qui se laisse bercer inconsciemment par deux cœurs battant à l'unisson. Imaginez la sérénité de l'enfant qui s'endort contre la poitrine de sa mère. C'est à ce niveau-là que cela se joue. Pour respirer au même rythme que votre interlocuteur, vous devez observer le mouvement de ses épaules qui montent et qui descendent selon l'inspiration et l'expiration. Observez aussi le torse de la personne qui doit, lui aussi, monter et descendre en fonction de la profondeur de la respiration.

Rappelez-vous : le miroir doit être constant, vous devez être en permanence, tout au long de l'échange, adapté à l'autre comme si vous deveniez *en train de devenir l'autre*.

Attention ! Lors de cette première étape, il est important de ne pas vous faire « griller » par la personne qui va se demander ce que vous faites et pourquoi vous l'imitez. Votre interlocuteur peut se braquer s'il pense que vous vous moquez de lui ! Par exemple, si la personne se gratte le nez ou se passe la main dans les cheveux, ne vous empressez pas de reproduire immédiatement ces gestes. Laissez s'écouler cinq ou six secondes avant de vous gratter le nez ou de toucher vos cheveux. Le but est que la situation paraisse complètement naturelle.

*2e ÉTAPE : LA MARCHE EN RYTHME : (*PACING *EN ANGLAIS)*

Cette étape consiste à suivre le rythme de la personne pendant un certain temps afin de pouvoir passer *à la conduite*. Au début, c'est l'autre qui conduit... vous le suivez. Ensuite, c'est vous qui allez pouvoir ouvrir la marche !

Imaginons que vous êtes dans la rue au côté de quelqu'un. Calquez votre pas sur son pas. Cette « marche au pas » vous permettra d'asseoir votre synchronisation, de vous assurer que vous êtes bien sur la même longueur d'onde que votre interlocuteur.

Les indices sont multiples : si vous commencez à avoir les mêmes gestes, à dire des choses simultanément, c'est que vous êtes prêt à passer à la phase de conduite.

Attention, le pacing peut se pratiquer aussi assis : « la marche en rythme » est une image ! Quand vous copiez quelqu'un, vous finissez par vous comporter comme lui. C'est ce que j'appelle le pacing. Vous avancez à son rythme, vous avez la même énergie, les mêmes gestes, la même fluidité (ou pas)... Vous êtes devenu comme son ombre.

*3e ÉTAPE : LA CONDUITE : (*LEADING *EN ANGLAIS)*

Comme son nom l'indique, dans l'étape de conduite, vous devenez le conducteur de la situation. Ce sera à votre interlocuteur de vous suivre ! Il faut d'abord tester la situation et savoir si vous êtes prêt à passer à la phase de conduite. Normalement, à force de synchronisation, vous êtes devenu le miroir de l'autre et vous marchez à son pas. Mais comme vous vous êtes synchronisé sur lui, l'autre finit par être plus détendu, et lui aussi commence à copier vos gestes, votre attitude (inconsciemment bien sûr !). La situation s'inverse.

Vous effectuez un premier test : levez le petit doigt (par exemple) ; si la personne en face de vous reproduit ce geste, c'est que vous êtes prêt à conduire (vous êtes peut-être déjà en train de le faire).

Attention : avant d'effectuer la synchronisation, puis surtout la conduite en situation réelle, entraînez-vous d'abord avec l'un de vos proches. Quand vous en avez l'occasion, comportez-vous comme lui : mon ami bouge le bras, je bouge le bras ; mon ami bâille, je bâille, etc.

Amusez-vous ensuite à tester des éléments de « conduite », que celle-ci soit physique (« je me gratte la tête, il se gratte la tête ») ou même mentale (proposez par exemple quelque chose que la personne aurait a priori refusé).

Vous allez constater rapidement que les meilleurs communicants ne jugent que par la synchronisation... car c'est le langage du cœur ! Au bout d'un certain temps, vous ne ferez même plus attention : vous serez de plus en plus naturellement en synchronisation avec vos interlocuteurs. C'est un peu comme conduire une voiture ! Quand on vient d'avoir le permis, on fait attention à nos mouvements pour passer les vitesses, regarder dans le rétroviseur. Au bout d'un certain temps, on n'y fait plus attention, ceux-ci deviennent automatiques et inconscients.

Une fois que vous maîtriserez les techniques de synchronisation, vous les oublierez : en toute situation, votre inconscient vous mettra en miroir puis en conduite sans que vous l'ayez souhaité !

Vous constaterez alors que votre pouvoir d'influence, de sympathie et de confiance commencera à augmenter de façon incroyable.

La reformulation (écouter) et la position basse (conseiller)

Voici maintenant deux nouveaux outils ! Tout comme la synchronisation, une fois que vous les maîtriserez, eux aussi s'intégreront naturellement à votre comportement.

Mais avant de les détailler, je voudrais que votre corps et votre esprit soient dans une configuration optimale pour être parfaitement opérationnels. Premier conseil :

quand vous vous adressez à quelqu'un, *évitez de vous placer exactement en face de lui*. Je sais, cela peut paraître un peu bizarre, d'autant que je vous ai enseigné dans le chapitre précédent l'art du *mirroring*... Simplement, rappelez-vous que le « face-à-face » est une confrontation : or, vous n'êtes pas là pour entretenir un rapport de force avec votre interlocuteur. Si celui-ci est debout (et donc vous aussi, cf. le *pacing*), déplacez-vous un petit peu sur votre gauche afin d'être légèrement décalé. Votre interlocuteur aura ainsi la vue dégagée. Il ne se sentira ni menacé ni prisonnier et aura tendance à se laisser aller davantage.

Autre préalable : *développez votre écoute active*. Écoutez vraiment ce que l'autre vous dit. C'est très sérieux : des recherches scientifiques ont montré que lorsque deux personnes communiquent, il n'y a que dix minutes d'écoute active. Mais alors que fait-on le reste du temps ? Nous avons l'impression d'écouter l'autre mais, en réalité, bien souvent, nous partons dans nos pensées car nous réfléchissons à ce que raconte l'individu en face de nous. Nous nous référons à notre expérience et nous nous construisons un schéma de pensées *qui nous éloigne d'une écoute pure*. Très souvent, nous réfléchissons à la phrase que nous voulons dire, à ce que nous voulons répliquer quand l'autre aura fini de parler ! À ce moment-là, nous n'écoutons plus ce qu'il raconte (ou pas vraiment), car nous attendons le moment opportun pour enfin lui dire ce que nous avons en tête. Je vous invite donc à laisser votre esprit s'orienter vers votre interlocuteur et à *l'écouter activement* parler *sans interpréter*.

Vous êtes prêt ? Découvrons maintenant ensemble ces deux nouveaux outils.

La reformulation... ou l'art d'écouter

La reformulation se fait en deux temps.

D'abord, *écoutez activement votre interlocuteur* pendant quelques minutes. Ensuite, *redites* ses phrases (sa dernière phrase ou sa phrase la plus importante) : la personne aura l'impression d'avoir été vraiment écoutée et votre reformulation l'encouragera à en dire plus.

La reformulation est une technique parfaite qui comble les blancs lors d'une conversation et invite l'autre à se confier !

Bien entendu, vous n'allez pas reformuler la phrase complète, au risque de vexer votre interlocuteur. Vous allez simplement *mettre de côté* une phrase, *celle sur laquelle vous voulez que l'autre rebondisse*. Ensuite, quand c'est votre tour de parler, utilisez seulement les derniers mots de cette phrase.

EXEMPLE :

Phrase retenue : « Aujourd'hui j'ai croisé mon ex. »

Votre interlocuteur s'interrompt. Visiblement, il s'est passé quelque chose, mais la conversation est coupée.

Reformulation : « Tu as croisé ton ex ? »

Réponse : « Oui... il était tout seul en ville, il marchait dans la rue et je suis juste allée lui dire bonjour. »

Nouveau blanc...

Reformulation : « Tu es allée lui dire bonjour ? »

« Oui, et blablabla... »

Je vous préviens tout de suite : lorsque l'on s'exerce pour la première fois, on se demande si cela n'est pas trop flagrant de reformuler ainsi ! Eh bien, non, l'autre n'y verra que du feu, car il sera lancé dans un flot de pensées qu'il essaie de traduire par des mots.

Croyez-moi : *la reformulation est un outil d'empathie puissant*. Pourquoi ? Tout simplement parce que les gens aiment que l'on s'intéresse à leur vie et à leur quotidien. Lorsqu'on utilise petit à petit la reformulation dans une conversation, notre interlocuteur a tendance à se dévoiler de plus en plus. Inconsciemment, cela lui fait du bien de parler de lui, il apprécie le fait que quelqu'un s'intéresse vraiment à ce qu'il raconte. On a tous besoin de quelqu'un qui nous prête une oreille amicale !

Vous voulez devenir un bon communicant ? Je vous engage à pratiquer la reformulation le plus souvent possible... et à vous entraîner, là aussi, avec vos proches. Quand un ami, un collègue ou un membre de votre famille aura envie de vous confier ses problèmes personnels, essayez de progresser dans la conversation par reformulations successives ! Vous verrez, l'autre vous en dira beaucoup. Vous travaillerez du même coup votre capacité d'attention, d'écoute et de patience. Quant à votre ami ou collègue, il sera heureux que vous ayez pu l'écouter. Il vous comptera désormais parmi les personnes de confiance.

Abordons maintenant un autre outil très intéressant en matière d'écoute et d'influence…

La position basse bienveillante… ou l'art de conseiller

Nous sommes souvent amenés à donner des conseils aux autres. La « position basse » est un outil qui permet de suggérer tout ce que l'on veut à l'autre de manière simple et fluide, sans empiéter sur son autonomie ni sur sa vie privée. Être en position basse, c'est montrer à l'autre que nous ne sommes pas au-dessus de lui et que nos suggestions ne s'expriment qu'au conditionnel. Ainsi, lorsque vous discutez avec quelqu'un et que vous voulez lui dire quelque chose sans qu'il le prenne mal, placez-vous en tant qu'ignorant et *proposez des « peut-être » et des « je ne sais pas »*. Votre message aura alors plus de chances d'être mieux perçu : votre conseil ou votre proposition n'en seront que plus appréciés.

Exemple :

Un ami vous dit : « J'en ai marre de ce travail débile ! Je ne vois même plus ma famille ! »

Votre premier réflexe serait peut-être de lui répondre : « Écoute-moi bien, tu n'as qu'à prendre des vacances et tu la verras, ta famille ! »

Mais un tel argument risque d'énerver encore plus votre ami… et ce n'est pas ce que vous souhaitez.

En position basse, voici ce que cela peut donner :

« Peut-être serait-il temps de prendre quelques jours de vacances pour profiter un peu de ta famille ? Je ne sais pas… »

Ce message avec le « peut-être » et le « je ne sais pas » montre clairement que vous suggérez une solution *en prenant des gants*.

Ici, la suggestion est isolée entre les balises « peut-être » et « je ne sais pas » : ceci vous dégage de toute intention consciente, donc de tout empiétement.

À ce stade, l'autre peut faire ce qu'il veut de la suggestion : ce n'est qu'une proposition bienveillante, pas un conseil « autoritaire » ni culpabilisant. Cette suggestion fera d'autant mieux son chemin dans la tête de votre ami. Peut-être se dira-t-il, tout à l'heure, en rentrant chez lui, qu'il a besoin de prendre des vacances ? Il aura alors l'impression que cette idée vient de lui... et n'aura pas le sentiment de vous obéir.

Vous avez compris la technique ? Maintenant, amusez-vous pendant toute une journée à placer « peut-être » et « je ne sais pas » (ou, en sens inverse, « je ne sais pas » / « peut-être ») dans vos discussions. Puis constatez le résultat. Il devrait être très intéressant et vous attirer un capital de sympathie accru !

N'oubliez jamais que vous n'êtes pas l'autre, vous n'êtes jamais à sa place : ce n'est pas à vous d'avoir un projet pour lui. L'autre fait ce qu'il peut. Votre désir est ce qu'il est... mais ce n'est pas forcément celui de l'autre. Évitez donc toute projection personnelle qui nuise à votre interlocuteur. Évitez les tournures du style : « Moi, à ta place, je ferais ça. » L'autre a sa propre expérience de vie et vous en avez une tout autre.

Votre rôle, en tant que mentaliste (presque) accompli, est d'accompagner la personne afin qu'elle puisse trouver les solutions en elle-même... car celles-ci lui seront propres et seront issues de sa propre vie.

J'oubliais : dans le cadre de la position basse, il y a aussi *le questionnement* qui peut être aussi très utile pour aider l'autre. Avec de simples questions, vous pouvez conseiller une personne : cette dernière vous trouvera génial, alors que vous n'avez rien fait de spécial !

EXEMPLE :

« J'en ai marre, mon boulot me fait suer et ma femme est une vraie casse-bonbons, je fais quoi ? Je quitte mon boulot ou ma femme ? »

Réponse : « As-tu pris le temps de comprendre pourquoi ton travail te faisait suer ? Peut-être y a-t-il des solutions ? »

« Concernant ta femme, cette supposition que tu dois la quitter est-elle mûrement réfléchie ? Penses-tu pouvoir vivre sans elle en étant heureux ? »

Etc.

Vous le voyez, au dilemme de votre interlocuteur, vous n'avez pas répondu. Vous n'avez fait qu'émettre des *questions qui sont autant de suggestions*.

À travers vos questions, la personne inquiète de son travail et de la relation avec sa femme va trouver de quoi s'orienter : elle va chercher les réponses en elle-même et faire ses propres choix tranquillement. Quant à vous, vous êtes intervenu simplement en tant qu'accompagnant, sans exprimer de désir personnel ni de projection : c'est bien.

Car il n'y a rien de pire que de dire à l'autre en substance : « Ce que je dis sur toi, c'est ce que tu es et ce que tu dois faire. »

Vous ne connaissez pas toute la vie de cette personne et comment cette personne voit sa vie. Vous ne lisez pas dans son esprit et vous ne pouvez pas éplucher chacune de ses pensées.

Restez donc simplement observateur et bienveillant.

Le feedback ou « le retour qui nourrit »

Penchons-nous à présent sur un nouvel outil de communication très important : *le feedback*. C'est un mot qui vous est peut-être familier. On l'emploie souvent en entreprise. En anglais, cela veut dire « retour » et plus précisément « retour qui nourrit ». Le feedback, c'est nourrir l'autre en retour, par nos remarques et notre évaluation. Nous allons voir comment.

Dans la vie quotidienne, que ce soit dans le travail ou dans la vie personnelle, les gens vous demandent parfois ce que vous avez pensé de tel ou tel aspect de leur vie, de ce qu'ils ont réussi ou moins réussi : ils veulent savoir ce que vous pensez de leur comportement, de leurs réalisations... Vous donnez alors volontiers votre avis. Mais pour communiquer efficacement, il est indispensable que votre avis soit construit et qu'il apporte quelque chose à votre interlocuteur, qu'il le « nourrisse ». En termes techniques, cela s'appelle « faire un feedback ».

Le feedback est une technique utilisée en PNL et réadaptée par mes soins afin que vous puissiez l'utiliser dans votre vie quotidienne. Bien souvent, je remarque que les gens n'ont malheureusement pas appris à faire de feedback constructif : il n'y a qu'à voir le feedback que font les mères à leur enfant lorsque ce dernier a fait une bêtise !

EXEMPLE :

Un enfant court dans un parc et sa mère lui dit : « Fais attention, tu vas tomber et tes habits sont propres ! »

La suggestion est faite, le petit tombe et salit ses vêtements. La mère accourt et lui donne une fessée en le disputant.

Voici l'exemple parfait d'un feedback négatif et non constructif.

Sachez qu'un feedback a toujours une intention positive vis-à-vis de la personne à qui il est fait, car il doit être utile.

Un feedback est aussi appelé « *sandwich* » car il est composé de *deux parties positives* ainsi que *d'une partie à améliorer*.

Il n'y a jamais de rabaissement ou de critiques destructives, le feedback doit être informatif et précis.

Il se compose donc de « *trois couches* » :

– la première couche : *ce qui a été fait de bien*, en étant précis ;

– la seconde couche : *ce qu'il faut améliorer* en donnant des pistes possibles ;

– la troisième couche : *prendre du recul* sur la globalité et *féliciter*.

AUTRE EXEMPLE :

Yohan rentre de l'école tristounet et anxieux. Il se dirige vers sa mère en lui tendant un devoir : il a eu la note de 10/20.

La mère prend le devoir et lui dit :

« Yohan, ne sois pas triste, je remarque que tu écris bien et que, lorsque tu connais la réponse, le professeur n'a rien à ajouter car les réponses sont complètes. » (*1re couche*)

« Maintenant, il faudrait réviser davantage pour le prochain devoir afin que tu aies une meilleure note. Pour cela, tu peux apprendre et me réciter ta leçon. » (*2e couche*)

« Dans l'ensemble, tu as eu la moyenne et c'est bien car tu as eu juste à plusieurs questions. » (*3e couche*)

Cette technique est souvent conseillée par les thérapeutes et les psychologues de l'enfance : les enfants étant en construction, il est important de communiquer subtilement avec eux.

Vous l'avez vu : de manière générale, un feedback doit être positif et global, il faut faire en sorte que la dernière couche consiste en une prise de recul positive.

Orientez toujours le dialogue de manière positive et évitez-les : « Tu aurais pu / Tu aurais dû... », « Dommage que tu aies oublié... » ou encore : « À ta place j'aurais fait... »

Là non plus, comme dans la position basse, ne vous projetez pas dans l'autre : il a son expérience de vie et vous devez la respecter, tout en restant objectif. Appliquez le feedback dès que vous le pouvez : vous créerez ainsi un climat de confiance et d'empathie qui sera bénéfique pour les personnes qui vous entourent.

Apprendre à dire « non »

C'est tout bête. Mais beaucoup de gens n'arrivent pas à dire non. Vous-même, peut-être ? Dire non, refuser une demande, être clair avec son refus... tout cela est parfois difficile. C'est pourtant indispensable à la bonne santé mentale.

Combien de fois avez-vous accepté une demande tout en sachant que cela allait vous être pénible ?

Pour apprendre à dire non, il faut dans un premier temps apprendre à répondre.

Qu'est ce qui vous empêche de dire non ?

Observez-vous agir lorsque quelqu'un vous demande quelque chose.

Êtes-vous du genre à répondre « cash » ou à prendre le temps de répondre ?

Si vous avez tendance à vous laisser influencer, ne vous obligez pas à répondre tout de suite. Dites : « Je vais réfléchir. » Cela vous laissera le temps de préparer votre réponse, qui sera éventuellement négative.

Si vous avez envie de dire « non », pensez à *argumenter* votre refus :

« Je ne pourrai pas t'aider à déménager dimanche car j'ai une compétition de volley très importante pour moi, par contre je pourrai t'aider à ranger tes cartons lundi si tu veux. »

« Je ne viendrai pas en vacances avec vous (en famille) cette année car j'ai d'autres projets qui sont importants pour moi ; je voudrais faire un grand voyage sac au dos, etc. »

Si vous avez peur d'annoncer un refus de vive voix, vous pouvez le faire *par écrit* (par mail) : cela a l'avantage de poser clairement, noir sur blanc, les arguments.

Au final, dire non est aussi simple que de dire oui. Savoir dire non fera grandir votre estime de vous-même. Si vous savez dire non, vous pourrez aussi pleinement vous engager à chaque fois que vous direz oui. Votre « oui » sera un vrai « oui », et pas un « oui » de convenance que vous aurez prononcé pour vous débarrasser de la peur de dire non...

Vous pensez vexer l'autre en lui disant non ?

Détrompez-vous. Les gens ont parfois besoin qu'on leur dise « non ». D'ailleurs, dire « oui » en nourrissant une rancœur envers l'autre n'est pas une bonne chose non plus.

Exemple :

Si un ami vous dit : « Est-ce que je peux t'emprunter encore 50 euros ? »... vous avez 2 options !

Option 1 :

« Bon, OK, mais c'est la dernière fois. » Vous donnez les 50 euros... mais vous êtes un peu en colère contre votre ami, n'est-ce pas ?

Option 2 :

« Non. Pas cette fois. Je ne peux pas parce que... »

Je suis sûr que vous vous sentez plus tranquille. Surtout, ne culpabilisez pas. Votre ami vous a demandé maintes fois de l'argent et cette fois il va trouver une autre « bonne poire ». S'il vous en veut, c'est qu'il n'était pas vraiment votre ami.

Nota bene : vous pouvez aussi relire le chapitre sur « la confiance en soi » pour vous sentir plus fort face aux demandes qui impliquent que vous sachiez dire non.

Sortir du rôle de victime

Bien communiquer, c'est aussi sortir du rôle de victime que l'on cultive parfois. Vos interlocuteurs apprécieront.

C'est parfois bien pratique de se poser en victime : les gens viennent vers nous et nous plaignent, ils s'intéressent à nous et nous apportent de l'affection.

Mais une telle attitude n'aide pas à avancer ! Vous connaissez tous ce petit personnage, Calimero, avec une coquille d'œuf sur la tête. C'est un petit poussin vulnérable qui dit tout le temps : « C'est vraiment trop injuste. » Essayez d'assumer davantage ce qui vous arrive.

J'ai envie de vous dire : « Cessez d'être gentil, soyez vrai ! » Et vous serez pleinement respecté par les autres.

Pour l'illustrer, voici une petite histoire...

Le sage et le serpent
(conte indien)

Il était une fois un méchant serpent qui vivait aux abords d'un village. L'animal se tapissait sous les larges feuilles de la jungle, d'où il observait de ses petits yeux jaunes le va-et-vient des villageois empruntant ce chemin pour se rendre au marché. Le serpent s'amusait très souvent à les terroriser : il se jetait brusquement sur les passants et les mordait cruellement. Petit à petit, les habitants n'osèrent plus passer par cette route et firent un grand détour pour éviter le reptile.

Un jour, un sage qui voyageait de ville en ville vint à passer. Le serpent, selon son habitude, se jeta sur lui férocement. L'homme le regarda avec bienveillance et lui demanda :

– Pourquoi donc veux-tu me faire du mal ? Je poursuis simplement mon chemin, sans te déranger en rien.

Le serpent, surpris par l'infinie douceur et la force paisible qui émanaient de l'homme, réfléchit à ces paroles et s'excusa.

– Je vois que tu as bon cœur au fond, lui dit le sage. Je voudrais que tu me fasses la promesse de ne plus attaquer personne.

Et il lui parla longuement de paix et de non-violence. Les paroles qu'il prononça émurent profondément le serpent : celui-ci, avant que le sage ne reprenne sa route, lui fit serment de ne plus jamais mordre.

Bientôt, les villageois remarquèrent que le serpent ne les attaquait plus. Ils empruntèrent à nouveau la route qui traversait la forêt. Peu à peu les passants s'enhardirent : voyant l'animal enroulé tranquillement sur une branche, ils lui jetèrent des cailloux. Comme le reptile les ignorait toujours, certains le piquèrent avec des bâtons. Le serpent se contentait de s'éloigner doucement. En le voyant aussi inoffensif, un des villageois s'empara de lui et le fit tournoyer dans les airs, avant de le projeter contre un arbre. Le serpent était de plus en plus maltraité. C'était à qui lui donnerait un coup de pied, à qui lui planterait un bâton ou lui jetterait une pierre. L'animal souffrait beaucoup mais il tenait la promesse qu'il avait faite et ne mordait pas.

Quelques semaines plus tard, le sage repassa par la route et appela le serpent pour prendre de ses nouvelles. L'homme fut désolé de voir l'état dans lequel se trouvait ce reptile. Ce dernier s'était caché dans le feuillage, le corps tout endolori, recouvert de plaies et de bosses.

– Mais que t'est-il arrivé, que s'est-il passé ? lui demanda le sage en le soignant.

– Maître, se plaignit le serpent blessé, vous m'avez dit de ne plus mordre, mais regardez ce que les villageois m'ont fait.

– Et pourquoi les as-tu laissés faire ? répondit le sage. Je t'avais demandé de ne plus mordre, mais je ne t'ai jamais dit de ne pas siffler !

À partir de ce jour-là, le serpent fit face à ses agresseurs en sifflant. Il n'eut plus besoin de mordre et ne fut plus jamais maltraité.

La morale de l'histoire, c'est qu'on ne doit pas attaquer autrui. Mais ce n'est pas une raison non plus pour se laisser faire : et il vaut mieux se défendre fermement quand on nous attaque, voire pratiquer la dissuasion en intimidant l'adversaire !

Montrez-vous fort... et vous serez respecté. Vous serez moins souvent victime. Cela ne vous empêche pas par ailleurs de rester gentil avec les gens que vous aimez et avec tous ceux qui sont dignes de votre bienveillance. Ce n'est pas parce que vous êtes gentil que vous êtes faible... Pensez-y !

2. Apprendre à décrypter le langage non verbal

Nous allons maintenant aborder un sujet passionnant : le décryptage des émotions qui se lisent sur le visage et le corps des autres. J'aimerais que vous sachiez repérer en un clin d'œil les attitudes ou comportements typiques de vos interlocuteurs. Cela vous sera très utile : vous pourrez décrypter la communication non verbale qui s'exprime, on l'a vu, chez tout un chacun même (et surtout !) à notre insu. Vous pourrez aussi désamorcer les expressions agressives, défensives ou séductrices, par exemple, quand vous les aurez ciblées chez autrui.

Pour devenir un mentaliste de vie, vous devez être capable de lire et analyser le langage gestuel des autres. Pouvoir cerner le langage corporel permet d'avoir un temps d'avance dans la communication : ce temps d'avance est extrêmement précieux.

Imaginez que vous soyez capable de savoir dans quel état psychologique se trouve la personne en face de vous, alors qu'elle ne vous a strictement rien dévoilé. Eh bien, c'est cela le fameux « temps d'avance », la capacité de vous adapter à l'autre en permanence...

Pour analyser le comportement gestuel de l'autre, il vous faut commencer par travailler le vôtre.

Améliorer son langage corporel et influencer l'autre

Nos postures, gestes et mouvements faciaux peuvent influencer l'autre. Il suffit parfois d'adopter la bonne attitude corporelle, de faire le bon geste ou d'avoir le « bon » visage pour influencer l'autre dans le sens que l'on souhaite : tenir l'autre en respect, l'attirer à nous, passer inaperçus, convaincre, etc.

Dans tous les cas, je parle d'une influence positive. Il ne s'agit jamais de manipuler quelqu'un, de le placer sous votre emprise pour lui imposer votre volonté.

Je vais vous donner plusieurs exemples.

Exemple :

Savez-vous que rien qu'en touchant l'avant-bras de l'autre, on peut obtenir beaucoup ? Essayez. Vous parlez à quelqu'un qui est en face de vous (debout ou assis). *Vous lui touchez légèrement l'avant-bras : il se détend.* En effet, une mémoire très puissante du corps est activée : celle du petit enfant que sa maman prend par l'avant-bras pour lui faire faire quelque chose...

Autre exemple :

la distance sociale. Avez-vous remarqué que des gens vous parlent parfois de « trop près » et que cela vous agace ? En fait, il n'est pas recommandé d'entrer dans le périmètre de l'autre au-delà d'un bras étendu vers l'avant. C'est un instinct très ancien qui nous alerte dès qu'une personne pénètre dans notre zone de sécurité. Quand on connaît la personne, bien sûr, on peut être plus près : votre interlocuteur ne se sentira pas agressé.

D'autres exemples sont plus connus : croiser les bras correspond à une attitude défensive (mais pas « fermée », comme on le croit trop souvent), ouvrir les bras est une attitude d'accueil que l'autre ressent positivement...

Faire bonne impression

Au fait, vous êtes-vous déjà demandé comment vous alliez vous habiller avant un entretien important ? Avez-vous songé à ce que vous alliez dire à cette personne qui va vous proposer un travail très intéressant ? Saviez-vous à l'avance comment faire « bonne impression » à cette jeune femme que vous n'avez pour l'instant séduite que sur Internet ?

Tout se joue dans les 5 minutes... dès la première rencontre. Les scientifiques disent même que le temps nécessaire à un homme pour tomber amoureux est de... 8,2 secondes ! C'est impressionnant. En revanche, quand un homme n'est pas intéressé par une femme, son regard ne va pas s'attarder. Il va très vite passer à autre chose. De manière plus générale, on estime qu'un interlocuteur nous « calibre » en 2 à 3 secondes. C'est inconscient et automatique. Lors d'une soirée, quand vous êtes présenté à des gens nouveaux, vous sentez « tout de suite » si vous aimez cette personne ou pas... Une étude de la Harvard School of Health Science a démontré que pour faire bonne impression, il fallait envoyer en 2 secondes les messages suivants : confiance, clarté et impact émotionnel. Il faut que votre interlocuteur se dise immédiatement : « Je te fais confiance, tu es sensé et tu me touches. »

Attention, faire bonne impression, ce n'est pas que jouer sur l'apparence ! Ce sont aussi la posture, les gestes, le ton de voix, le regard et, bien sûr, les mots.

Travaillons à présent la posture, le non-verbal... C'est essentiel car nous sommes avant tout des animaux particulièrement réceptifs au langage du corps, à l'intuition que nous ressentons.

Voici donc la démarche (on imagine que c'est une première rencontre) :

Vous devez dans un premier temps être *ouvert à l'idée de rencontrer cette personne*. Il faut que vous soyez capable d'être positif avant la rencontre, que vous soyez vraiment heureux à l'idée de connaître une nouvelle personne et celle-ci en particulier : peut-être sera-t-elle très importante pour vous, dans votre vie future ? Si ce n'est qu'une rencontre éphémère, c'est une expérience humaine de plus qui requiert toute votre attention. Vous serez heureux d'avoir rencontré cette personne, même quelques instants.

Ensuite, il faut penser à votre regard. Soyez *le premier à établir le contact visuel* en l'accompagnant d'un *joli sourire franc*. D'après une étude de la Lund University en Suède, le sourire libère de la sérotonine et de la dopamine qui ont un effet « contagieux » sur votre interlocuteur. Toutes les émotions sont contagieuses, pensez à sourire avant tout ! Ainsi, vous allez capter l'attention de votre interlocuteur avant même d'avoir ouvert la bouche. N'hésitez pas à être vraiment sympathique dans l'expression de votre regard (les yeux qui pétillent, l'amour qui émane du regard...).

Passons à la poignée de main. Lorsque vous serrez la main d'une personne, serrez-la franchement (plus doucement si c'est une femme). Mais ne broyez pas les doigts de l'autre ! Ne gardez pas non plus trop longtemps sa main dans la vôtre, ce serait gênant et signifierait votre volonté d'emprise. Soyez juste franc et direct dans votre poignée de main.

Vient ensuite le moment de l'échange : il faut que la conversation soit équilibrée, c'est-à-dire qu'il ne faut pas parler tout le temps mais ne pas laisser l'autre monopoliser la conversation non plus. En fait, tout dépend du contexte. Soyez ouvert à l'autre et à ce qu'il raconte (une jeune femme qui vous raconte d'où elle vient, un homme qui vous propose un travail et vous décrit la réalité du poste...).

Ensuite, parlez de vous : ne soyez ni trop secret ni exhibitionniste. Parlez naturellement de vous, en confiance. Essayez d'être intéressant et captivant. N'oubliez pas de rebondir de temps en temps sur ce qu'a dit l'autre pour arriver à votre idée (ah, cette jeune femme vient d'Italie ? Justement, vous avez un ami qui y vit et d'ailleurs vous adorez la nourriture italienne, vous aimez aussi la nourriture asiatique, etc. ; autre exemple : ah, ce travail comportera de nombreux déplacements en province ? Ça tombe bien, vous possédez un véhicule qui pourra être mis à contribution si nécessaire, etc.).

Par ailleurs, pour que la conversation reste fluide et éviter que des blancs n'y apparaissent, *n'hésitez pas à poser des questions à l'autre* si vous sentez que vous manquez d'inspiration pour parler... Travaillez votre sujet, les choses intéressantes que vous avez à dire... mais aussi votre curiosité et votre écoute ! Vous verrez, les gens adoreront parler avec vous !

Cette première « bonne impression » nous amène au sujet suivant...

Aller plus loin en séduisant

La séduction est un facteur incontournable en communication : lorsqu'un vendeur veut vendre, il doit séduire son client potentiel. Mais comment séduire ? Comment se rendre séduisant ? Des centaines d'ouvrages ont été écrits sur le sujet, beaucoup de méthodes « toutes faites » ont été proposées. Pour ma part, je pense qu'il n'existe pas de méthode mais un feeling, une alchimie personnelle qu'il faut savoir développer subtilement.

Vous souhaitez séduire ? Eh bien, soyez séduisant !

Rien de plus simple : *aimez les gens* et votre communication se transformera naturellement en *élan du cœur*. Parlez avec les gens comme vous aimeriez que l'on vous parle et vous attirerez les gens, vous développerez un charisme qui vous rendra séduisant.

PREMIER EXERCICE :

Choisissez un modèle, quelqu'un qui est pour vous séduisant, sûr de lui et qui a une certaine aura. Avant de vous endormir, pensez à cette personne et imaginez-vous en train d'être cette personne (ou de lui emprunter ce qui vous manque). Dans un premier temps soyez spectateur de vous-même puis, enfin, devenez acteur (nous avons déjà expérimenté cette méthode dans la partie « confiance en soi »). Imaginez qu'une nouvelle énergie de séduction et d'assurance entre dans votre organisme, tel un logiciel en train de s'installer dans un ordinateur. Prenez une bonne inspiration pour ancrer le tout. Jouez de votre nouveau moi, exercez cette séduction toute nouvelle...

Deuxième exercice :

Parlez avec votre interlocuteur en le regardant *dans l'œil gauche*. En regardant son œil gauche, vous stimulez son cerveau droit qui est le siège de ses émotions et de sa créativité. Un joli sourire et un regard franc dans l'œil gauche auront bien plus d'impact que s'il était dirigé vers l'œil droit.

À l'inverse, lorsque vous aurez quelque chose d'important à expliquer à quelqu'un, regardez-le dans l'œil droit (cela stimulera le cerveau gauche, siège de la logique et de la précision). Votre interlocuteur sera beaucoup plus réceptif à cette information.

Enfin, si vous voulez être *aussi séduisant émotionnellement qu'intellectuellement*, regardez alternativement l'œil gauche en souriant pour « toucher » émotionnellement votre interlocuteur et l'œil droit pour l'atteindre par un discours posé et structuré.

Avec de l'entraînement vous allez développer votre aura à la vitesse grand V !

À vous de jouer.

L'universalité des gestes et du non-verbal

Je tiens à le souligner : dans l'ensemble, quel que soit l'endroit où l'on se trouve dans le monde, et en dépit de petites variations locales concernant des détails (ou certaines tribus éloignées qui ont un code culturel très particulier), *les gestes sont universels*. Je veux parler des gestes fondamentaux : ils expriment tous la même chose. Que vous alliez en Autriche, en Chine, aux États-Unis ou même au cœur de l'Afrique, un sourire sera toujours un sourire. Lorsqu'une personne a peur, elle aura le cœur qui s'emballe et elle plaquera les mains contre celui-ci pour se protéger. Le langage corporel est vraiment fascinant à analyser. Le corps humain ne peut pas jouer la comédie : c'est pourquoi les informations qu'il transmet sont capitales.

La communication passe par le non-verbal

Il est essentiel d'avoir conscience des gestes qui nous « trahissent » ou, en tout cas, en disent bien plus long qu'on veut bien le dire par les mots.

Voici un exemple tout simple :

Aurélie vient de réussir son examen de coiffure. Elle rentre chez elle, toute contente à l'idée de pouvoir raconter à sa mère sa réussite. Mais, lorsqu'elle voit sa mère au loin, celle-ci a l'air très triste. Aurélie, au lieu de lui annoncer la bonne nouvelle, transforme alors sa communication et demande à sa mère : « Ça va ? Qu'est-ce qui se passe ? »

Sa mère ne lui avait pourtant rien dit ! Mais le message corporel qu'elle transmettait était si précis... qu'Aurélie s'est crue obligée de modifier sa communication.

Calibrez... mais discrètement !

Nous avons tous envie d'essayer de décrypter les attitudes par-delà les mots, c'est même un jeu fascinant. Mais lorsque vous analysez les gestes d'une personne dans votre tête, lorsque vous l'épiez et la « scannez », restez discret : si la personne se rend compte que vous essayez de la « calculer », cela va être difficile de communiquer tranquillement avec elle ensuite. Petite astuce : nos yeux ont la capacité de voir à 180°, donc servez-vous de votre vision périphérique pour observer !

Apprenons maintenant à lire sur le visage et sur le corps d'autrui.

Repérer les sept émotions de base

À vous de savoir décrypter ces émotions ! D'autant qu'elles s'expriment avec plus de force et de rapidité que la parole : il faut parfois de longs discours et une vraie sincérité pour révéler à l'autre ce qu'on ressent. Alors que l'émotion, elle, est là tout de suite et souvent de manière flagrante !

L'inconscient va plus vite que le conscient

Quand vous discutez avec quelqu'un et que vous lui posez une question qui engage son ressenti, c'est toujours son langage non verbal qui va s'exprimer en premier. L'inconscient émet une réponse avant même que le conscient ait capté l'information et qu'il n'émette une réponse verbalisée. On appelle ça la loi de la demi-seconde... Vous avez remarqué ? Parfois, les gens ne comprennent pas exactement ce que vous avez dit... mais leur inconscient, lui, a capté la tonalité de votre message.

Imaginez que vous annonciez quelque chose de fantastique à votre mère (par exemple, un gain énorme au loto). Ou que vous annonciez au contraire à votre conjoint, sans préambule, que vous le (ou la) quittez ! Ce que va dire la personne en premier, c'est : « Quoi ? » « Comment ? » Avec des variantes... « Pardon ? Tu peux répéter ? J'ai mal entendu. » L'inconscient a capté l'information et ne la met pas en doute... mais le conscient, lui, est à la traîne : il est désorienté et vous demande de répéter.

Et il en va de même pour toutes nos pensées et paroles, c'est d'abord l'inconscient qui capte l'information...

Si l'inconscient est rapide et exprime immédiatement une émotion, à vous d'être aussi rapide que lui et de saisir au vol ce que la personne exprime ! Être capable de capter l'émotion d'une personne juste avant qu'elle ne verbalise est primordial : cela vous permet de sentir si la personne « refoule » (cache) son émotion en fonction de la réponse qu'elle va formuler. D'autant que, quand la personne commence à parler, le message verbal peut avoir tendance à brouiller le message non verbal. On écoute, on écoute les mots... et on oublie l'essentiel. Raison de plus pour être, tout de suite, à l'affût de l'émotion qui se lit sur le visage.

Qu'est-ce qu'une émotion ?

Le mot « émotion » vient du latin *motio* qui veut dire « action de mouvoir, en mouvement ». Vous l'avez remarqué : quand quelqu'un est ému, son visage bouge, son corps aussi parfois... Une émotion, c'est toujours un mouvement, quelque chose de très profond qui anime le corps !

Analysons à présent les sept émotions de base qui se peignent sur le visage d'autrui.

Joie, tristesse, colère, dégoût, mépris, surprise et peur : tout se lit sur le visage

La joie

La joie est l'une des premières émotions du bébé : celui-ci la reproduit par mimétisme, quand il voit sa mère ou un parent sourire à sa vue, communiquer avec lui en exprimant de la joie.

Lorsqu'une personne sourit, les yeux se rétrécissent et les joues se soulèvent.

Pour faire la différence entre un sourire honnête et un sourire forcé, tout se passe au niveau des yeux. Les yeux doivent être plissés au niveau des coins extérieurs. Si une personne vous sourit avec un regard neutre, bonjour le sourire forcé !

LA TRISTESSE

Quand une personne est triste, il y a une triangulation de la paupière supérieure et on peut remarquer l'abaissement des coins des lèvres. Les coins intérieurs des sourcils sont levés comme lorsqu'une personne a un visage neutre. Le front est aussi tiré vers le haut. Il faut porter attention au mouvement global.

LA COLÈRE

La colère est une émotion intense ! Les paupières inférieures se tendent, les sourcils sont légèrement baissés. Les lèvres sont poussées et pressées, et généralement c'est la lèvre inférieure qui monte un peu.

Chez certaines personnes, il y a un fort abaissement des sourcils, la paupière inférieure est élevée. Les lèvres sont rétrécies et aussi pressées (l'une contre l'autre).

Le dégoût

Le dégoût entraîne en général une rotation de la tête sur le côté et/ou un basculement vers l'arrière. Certaines personnes penchent aussi la tête vers le bas...

La lèvre supérieure se soulève et crispe les muscles des joues en les remontant légèrement. Cela a pour effet de soulever aussi le nez. Le coin des yeux peut se plisser aussi.

LE MÉPRIS

Le mépris est une émotion très subtile que bien des séries américaines ont mise en avant (comme par exemple la série *Lie to me*, où un psychologue spécialiste de la lecture des micro-expressions aide la police à résoudre des affaires criminelles).

Le mépris pourrait se caractériser comme un sourire… sauf qu'il n'est visible que d'un côté du visage. On l'appelle aussi « le sourire en coin ».

Soyez attentif : il peut être très subtil et pourtant il est important de le constater chez votre interlocuteur !

LA SURPRISE

Lorsqu'une personne est surprise, son visage reste fixe, figé comme dans une attitude neutre.

La bouche s'ouvre plus ou moins suivant les individus, les muscles du front sont eux aussi sollicités en remontant.

Cela a pour effet d'attirer les sourcils vers le haut. Les yeux s'agrandissent et s'écarquillent.

LA PEUR

Les sourcils sont dans la même configuration que pour la tristesse, sauf que la paupière supérieure est soulevée et que les lèvres sont tirées à l'horizontale.

Dans un autre cas de figure, on peut remarquer que la peur peut se caractériser par le soulèvement de la paupière supérieure mais pas autant que dans un visage courant ; cela peut ressembler à de la surprise. Il n'y a que les sourcils et les lèvres qui trahissent l'émotion...

Bien entendu, l'étude des micro-expressions et des gestes universels ne peut être résumée en deux pages. Mais vous disposez maintenant de quelques bases qui vous montrent à quel point l'inconscient influe sur nos comportements et nos réponses non verbales...

Le corps et les émotions : décryptage express !

Apprenons à présent à repérer les états émotionnels les plus courants ! Ils passent cette fois *par le corps*. À décrypter en un seul coup d'œil...

À force de pratique, vous adapterez votre communication *instinctivement* en fonction des gestes de votre interlocuteur.

Attention : les profils qui vont suivre ne sont en aucun cas une science exacte. Il s'agit d'un recoupement d'informations que j'ai pu recueillir lors de mes recherches personnelles. Chaque individu étant unique et les comportements de chacun étant variables, il serait inexact et réducteur de prendre ces états émotionnels comme absolus.

À vous de dresser vos propres profils pour améliorer votre communication, de recouper les indices pour savoir à qui vous avez affaire.

N'oubliez pas que ces informations sont le fruit de vos propres observations. Comme tout constat, il est nécessaire d'obtenir au moins deux répétitions d'un même état émotionnel, chez une même personne et lors d'une situation identique, pour pouvoir donner l'interprétation la plus proche de la réalité.

C'est parti !

L'AGRESSIF :

Qu'est-ce qu'un agressif ? À quoi ressemble-t-il ? Une personne agressive emploie souvent la violence verbale avec des gestes brutaux. Un agressif est une personne qui se fait remarquer. Généralement, les personnes agressives ont une tendance à rire fortement et à parler fort afin de devenir le centre de l'attention. La méchanceté gratuite est parfois exercée par les agressifs qui prennent du plaisir à rabaisser les autres et à critiquer tout ce qui bouge. Lorsqu'une personne se trouve dans un état d'esprit agressif, elle peut se trouver dans deux configurations physiques différentes : agressif extraverti ou agressif introverti.

Les agressifs introvertis ruminent leurs colères dans leur coin : ils monologuent dans leur tête ; le vase se remplit jusqu'à l'explosion. Généralement, ils ont tendance à être particulièrement violents dans leurs propos et dans leurs gestes dès lors que la coupe est pleine. Les bras croisés et les poings fermés sont typiques de leur attitude. C'est un peu la même expression que celle de l'enfant quand sa mère lui demande : « On va prendre le bain ? » et qu'il répond : « NON ! » tout en croisant les bras, poings fermés en signe de refus hostile agressif. Parfois, on observe aussi cette attitude : une personne assise s'écrase les orteils avec le talon du pied opposé, indiquant à quel point la situation est « explosive ». D'un point de vue physiologique, l'agressif introverti fronce les sourcils et peut aussi remonter sa lèvre inférieure tout en pinçant la lèvre supérieure. Il respire bouche entrouverte à travers les dents.

Un *agressif extraverti* est instable : il va beaucoup bouger, remuer, c'est sa façon de dire qu'il ne tient pas en place et qu'il peut exploser à tout moment. Il va aussi marcher vite, comme s'il était continuellement pressé. Il peut aussi beaucoup parler. Il va se pincer (la barbe, le menton...) pour matérialiser une torture interne. Généralement l'allure d'un agressif est élancée avec la cage thoracique en avant et la respiration soutenue. L'agressif peut aussi souffler régulièrement pour montrer que la situation l'énerve.

L'ANXIEUX :

Tout comme l'agressivité, l'anxiété est un état d'esprit facile à repérer. Un anxieux a la capacité de transmettre son stress (souvenez-vous, nous partageons nos mauvaises ondes). Et il y a énormément de signes de l'angoisse et du stress...

Se ronger les ongles est un signe d'anxiété : je vous invite à regarder les mains et le regard d'une personne qui est anxieuse. Quand une personne se ronge les ongles en ayant le regard vers la gauche (pour elle), c'est qu'elle pense à une situation qu'elle a vécue et qui la « ronge ». Lorsque le regard est vers la droite (pour elle), la personne songe à une situation qui n'a pas encore eu lieu et qui est source d'anxiété.

Vous allez me dire : « Et quand elle regarde en face ? » C'est que la situation actuelle est stressante !

L'anxieux est inhibé : il se réfugie dans ses pensées et se construit un monde. Son stress s'exprime dans ses membres inférieurs, ses jambes se mettent à bouger d'elles-mêmes lorsqu'il est assis. L'anxieux prend de grandes inspirations pour se détendre.

Si vous remarquez une personne qui se tient un bras avec son autre main, c'est qu'elle est anxieuse. Ce geste est une retenue symbolique : c'est comme si la main retenait la personne tout entière de s'enfuir ou de s'agiter ! L'anxieux peut aussi se mordiller les lèvres. Par ailleurs, un anxieux peut avoir tendance à se caresser l'avant-bras, ce geste le rassurant et l'amenant à se détendre.

Écoutez parler une personne anxieuse : sa voix est hésitante, fragile, le regard fuyant.

LE DÉFENSIF :

Le profil du défensif est simple : il a toujours l'impression que la moindre remarque a pour but de le rabaisser. Il a tendance à suivre avec attention chaque mot que vous pouvez dire. Il est prêt à dégainer dès que vous ouvrez la bouche. Il va observer votre tournure de phrase, l'élocution ainsi que les mots employés.

Il aura ainsi tendance à reprendre vos phrases avec des remarques du type : « Qu'est-ce que tu veux dire par là ? », « Pourquoi tu dis ça ? », « Qu'est-ce qu'il y a encore ? »

Le défensif est quelqu'un qui se maintient souvent un peu à l'écart, le regard baissé comme s'il s'apprêtait à recevoir des coups. Assez nerveux, le défensif a généralement tendance à être pessimiste.

En position assise, le défensif peut avoir tendance à s'agripper aux accoudoirs d'un siège afin de montrer son antipathie.

Lorsqu'il vous écoute parler, prêt à bondir sur chacun de vos propos, le défensif peut avoir la « bouche en cul-de-poule », l'air blasé dans l'attente de la fin de votre phrase.

Le défensif peut croiser les bras, mains cachées : il signifie ainsi sa prise de recul face à chacun de vos propos. En termes de prise de recul, on peut d'ailleurs constater qu'une personne remet en question vos propos dès lors qu'elle se caresse l'oreille avec l'index.

Une personne sur la défensive peut aussi se caresser les lèvres avec l'index en remettant en cause votre sincérité.

Toujours en ce qui concerne les caresses, si vous voyez une personne qui se gratte la tête avec un stylo, c'est qu'elle est sur la défensive.

Les jambes croisées permettent aussi de vérifier si la personne est sur la défensive ou non. Si le croisement de jambes est ouvert vers vous, c'est que tout va bien, par contre si la jambe du dessus fait office de barrage... l'attitude est défensive.

LE DOMINANT :

L'état d'esprit du dominant est clair : il veut être au-dessus des autres. Ce genre d'individu est facilement repérable dans la rue. Si vous croisez une personne qui marche en balançant ses bras d'avant en arrière, vous êtes en face d'un caractère dominant qui dit : « *Je suis là et je prends de la place.* »

Voici un petit jeu simple pour détecter les dominants. Vous devez faire attention à la poignée de main de la personne. Si vous tombez sur une personne qui vous serre la main en vous massacrant les doigts, vous êtes en face d'un dominant. Lorsque vous discutez avec une personne dominante et que celle-ci se trouve en position assise, observez ses mains quand elle est en position d'écoute. Si l'une de ses mains enveloppe le poing, c'est que la configuration dominante est activée.

L'HYPOCRITE :

L'hypocrisie est un mal social qui est très répandu. Nous sommes, par la force des choses, obligés d'être hypocrites dans l'intérêt de l'autre… ce qui n'a rien à voir avec l'hypocrisie malveillante.

Quand je parle d'hypocrisie pour le bien de l'autre, je veux dire par là qu'il nous arrive de passer sous silence certaines choses pour éviter de blesser une personne. Si un ami, après avoir chanté dans un bar, me demande si j'ai aimé sa prestation catastrophique, je vais lui dire que j'ai trouvé ça pas mal ou prometteur.

Mais comment repérer les hypocrites qui ne nous apprécient pas ? Qui se moquent de nous intérieurement ?

Par définition, l'hypocrite dissimule. Il est donc plus difficile à identifier que tout autre. Si vous connaissez déjà la personne, repérez si son comportement a changé : si ses émotions sont exprimées plus vivement que d'habitude, ou au contraire réprimées... Ce peut être un signe de dissimulation.

Par ailleurs, voici quelques signes qui ne trompent pas. Une personne qui met la main devant la bouche quand elle se tait a quelque chose à cacher (ou elle ne veut pas laisser échapper quelque chose, elle se retient de parler). Idem avec une personne qui met un doigt devant sa bouche : c'est comme pour se dire chut à elle-même ! Dernier signe révélateur : repérer les personnes qui décrochent un sourire puis redeviennent aussitôt sérieuses. Ces personnes n'ont pas vraiment souri ! En effet, une émotion vraie est un continuum : il y a crescendo puis decrescendo, c'est un « ascenseur émotionnel ». Quand on arrête de sourire, les muscles du visage, les yeux, la bouche... reviennent lentement au repos. Le sourire ne se referme pas brutalement. Sachez donc repérer ces signes.

Le menteur (ou le mythomane) :

Comme l'hypocrisie, le mensonge fait partie intégrante de notre société : il est pourtant assez facile de repérer un menteur ou un mythomane ! Un menteur est quelqu'un qui ment occasionnellement, un mythomane est un menteur pathologique.

Avant même de parler du langage non verbal d'un menteur, il est amusant d'observer un menteur en action.

Lorsqu'un menteur raconte un prétendu souvenir, il y met énormément de détails souvent très subtils qu'une personne sincère ne raconterait pas forcément ! En revanche, si vous demandez au menteur de vous raconter la même histoire à l'envers, il aura énormément de mal à le faire ! Essayez un jour de piéger un « mytho » de cette façon... Vous verrez, c'est très amusant !

Revenons au langage non verbal. Je vous conseille d'observer le regard de la personne que vous soupçonnez de mentir : si cette dernière a trop tendance à vous fixer droit dans les yeux, presque sans sourciller, c'est qu'elle veut impérativement que vous croyiez ce qu'elle vous raconte. Alors méfiance !

Observez aussi la « ligne de temps » du regard : nous avons vu plus haut (dans le profil de l'anxieux) qu'une personne qui se soucie d'un événement *passé* regarde *vers la gauche* et qu'un angoissé qui redoute une situation *à venir* regarde *vers la droite*. Si les yeux de votre interlocuteur se dirigent sur la droite pendant qu'il vous raconte un souvenir et que vous aviez remarqué que son passé était à sa gauche... il se peut qu'il mente !

Faites un test pour vérifier. Demandez : « Qu'est-ce que tu as mangé hier soir ? » Si les yeux de votre interlocuteur se dirigent vers la gauche, cela signifie bien que la gauche est le passé. Demandez ensuite : « Tu as quoi comme rendez-vous demain ? » Et vérifiez que les yeux se dirigent vers la droite. Le test est terminé. Maintenant, attention à ce que cette personne vous dit quand elle vous raconte une histoire passée et que ses yeux s'orientent vers la droite ! Pourtant, cela ne veut pas forcément dire que la personne ment car il peut arriver que le souvenir soit tellement ancien que la personne « croit » se souvenir de la scène mais imagine certains éléments. Elle regarde donc à droite. Dans ces moments-là, demandez : « Tu es vraiment sûr ou tu ne te souviens pas très bien ? »

Lorsqu'une personne ment, c'est un peu comme si elle portait ses mensonges sur elle et il se peut que vous puissiez capter un changement d'élocution, de ton...

Du point de vue de la gestuelle, j'ai remarqué que certains menteurs avaient pour habitude de se lisser le front, comme s'ils avaient besoin de se rassurer sur leurs propos.

J'ai aussi vu que certains menteurs se grattaient sous le bras... à croire que le mensonge les démange !

La mythomanie se met à l'épreuve, il faut tester votre interlocuteur, car chacun aura tendance à refouler « la vérité » à sa façon.

LE SÉDUCTEUR :

Repérer un séducteur ou une séductrice est un jeu d'enfant. Dites-vous bien qu'un séducteur est une personne qui laisse ses hormones parler. On ressent beaucoup de choses, physiquement, quand on est abordé par un séducteur.

Lorsque la séductrice ou le séducteur vous parle, il peut se mouiller les lèvres avec sa langue comme si le fait de parler avec vous ouvrait son appétit. Un séducteur privilégie la proximité et peut se montrer très tactile.

Pour une femme, cela peut jouer au niveau de son maquillage, de sa coiffure et de ses habits. Son objectif : que vous la remarquiez à tout prix ! Homme ou femme, le séducteur aime avoir tous les regards qui se tournent vers lui. Le séducteur va essayer de vous impressionner, quitte parfois à exagérer la réalité afin que vous puissiez lui donner du crédit.

Au niveau du langage corporel, lorsqu'une personne vous parle et qu'elle se caresse l'arête du nez avec son index, c'est qu'elle vous trouve séduisant. Le déhanché des femmes est révélateur de leur pouvoir de séduction : une femme qui se déhanche beaucoup est une femme fatale qui prend du plaisir à séduire. Il en est de même pour les femmes qui ont les jambes entortillées (par exemple, la jambe gauche qui croise la droite avec le pied gauche coincé derrière la cheville droite).

Quant aux hommes, souvent leurs yeux se plissent quand ils ont envie de séduire…

3. Repérer et déjouer les manipulations du quotidien

À présent, nous allons explorer d'un peu plus près une grande diversité de « manipulations » que nous subissons au quotidien. Par manipulations, j'entends techniques d'influence, stratégies de vente, manipulations dans le couple, par la rumeur, par la mémoire, etc.

Dans notre quotidien, nous subissons diverses formes de manipulation. C'est un mot fort mais qui recouvre des techniques parfois très anodines que nous vivons sans même nous en rendre compte. Nous sommes manipulés… et nous manipulons.

En tant que mentaliste, il est utile de connaître les techniques de base : vous pourriez avoir à vous en servir… toujours à des fins positives, bien sûr, et jamais pour nuire à l'autre ! Vous le savez, un vrai mentaliste est bienveillant.

Voici la première technique… puis toutes les autres.

La technique du pied dans la porte

La technique du « pied dans la porte » fait allusion au vendeur d'aspirateurs ou d'encyclopédies qui sillonnait autrefois les États-Unis. Dès que la ménagère ouvrait la porte de son pavillon, le vendeur avançait très légèrement son pied (sans entrer dans le domicile bien sûr) en le plaçant entre le seuil et l'intérieur de la maison. Ainsi, la ménagère ne pouvait plus refermer complètement la porte : elle était « coincée »...

En manipulation, la technique du pied dans la porte fonctionne de cette façon-là : une personne vous demande un tout petit service ; ce premier service ne peut pas être refusé ; la personne enchaîne alors directement sur une demande plus exigente.

Il s'agit d'un principe d'engrenage.

EXEMPLE :

Un ami vient vous voir et vous demande si vous êtes d'accord pour lui prêter 1 euro pour boire un café. Vous acceptez : cette somme est dérisoire, et puis c'est un ami... Vous sortez votre portefeuille. Avant même que vous ne lui donniez votre pièce, votre ami vous demande si vous voulez bien rajouter 1 euro de plus pour qu'il puisse prendre un autre café dans la journée.

Dans ce cas de figure, si votre ami était directement venu vous demander 2 euros, vous auriez peut-être refusé. Mais il vous a demandé 1 euro et vous avez accepté : vous êtes entré *dans un processus d'engagement* et vous avez donc facilement accepté la deuxième demande.

AUTRE EXEMPLE :

Dans la rue, vous avez souvent dû croiser des personnes qui vous demandent une cigarette ou de la monnaie. Et si c'était vous, le mendiant ?

Imaginons que vous ayez besoin d'1 euro pour prendre le métro. Si vous allez directement demander aux passants : « Bonjour, excusez-moi, pourriez-vous me dépanner de 1 euro, s'il vous plaît ? », vous allez essuyer un nombre considérable de refus, ce qui est logique car aucun processus d'engagement n'a été mis en œuvre.

Réessayez à présent en demandant d'abord à une personne votre chemin ou encore l'heure qu'il est : la personne va accepter de vous répondre. *Elle s'engage avec vous*. Vous la remerciez pour lui montrer que vous êtes sensible à sa gentillesse... puis vous lui demandez sans attendre une pièce de 1 euro pour vous acheter un ticket de métro ! Vous allez voir, cette technique fait toute la différence. En procédant ainsi, vous allez augmenter de manière considérable votre taux de réussite...

Le « Yes Set »

Nous avons vu une technique toute simple (le pied dans la porte). Continuons maintenant avec une technique très prisée des vendeurs ! Je veux parler du « Yes Set » : c'est une forme de pied dans la porte très poussé, *un véritable engrenage verbal* !

Dans le Yes Set, on conditionne la cible à prononcer le plus de fois possible le mot « oui ». Ceci instaure un état psychologique orienté vers l'acceptation et prépare le « oui » final (qui déclenche l'acte d'achat, par exemple).

Vous allez voir, le procédé est assez simple. Vous avez peut-être même déjà été victime de ce genre de conditionnement.

EXEMPLE DE YES SET :

VENDEUR : Bonjour, vous allez bien ?

CLIENT : Oui.

VENDEUR : Super, vous avez vu, aujourd'hui il fait super beau !

CLIENT : Oui, vraiment.

VENDEUR : Espérons que ça dure, car ça fait toujours du bien, n'est-ce pas ?

CLIENT : Oui, espérons-le.

VENDEUR : Vous venez chez nous pour trouver le meilleur produit, on est d'accord ?

CLIENT : Oui c'est cela.

VENDEUR : Vous êtes d'accord pour que je vous montre notre meilleure sélection du moment ?

CLIENT : Bien sûr, montrez-la-moi.

On pourrait continuer ainsi la conversation... Le vendeur va montrer ses produits, essayer de déclencher l'adhésion du client en lui faisant dire le maximum de « oui ».

(« Vous avez vu comme cette télévision est moderne, elle est belle hein ? – Oui. – Reconnaissez qu'elle est vraiment bon marché pour ce qu'elle est, hein ? », etc.)

En fait, le vendeur dirige la conversation et pose sans cesse *des questions fermées* orientées vers le « oui ».

Nota bene : Une question fermée est une question que l'on pose afin d'obtenir une réponse prédéterminée. Exemple : « J'aimerais vous rencontrer quelques minutes la semaine prochaine, *mardi ou mercredi* ? »

Dans les Yes Set, avec leur série de questions fermées orientées vers le « oui », le vendeur manipule petit à petit le client : ce dernier repartira certainement avec un produit plus cher que prévu (ou qu'il n'avait même pas prévu d'acheter !). D'ailleurs, si vous avez déjà été dans cette situation, vous savez à quel point *il est difficile de dire « non » après avoir prononcé toute une série de « oui »* !

Cependant le Yes Set n'est pas seulement l'apanage des vendeurs. Le Yes Set peut être utilisé n'importe où, n'importe quand et avec n'importe qui. Les chances de réussite sont exceptionnelles, une fois que l'on maîtrise les protocoles qui permettent de l'instaurer.

Pourtant, ne soyez pas trop insistant et évitez de vous embarquer dans une série de Yes Set trop appuyée. Ce n'est pas toujours une technique très discrète ! Votre interlocuteur pourrait se braquer, vous faire remarquer que vous le manipulez et vous n'auriez plus l'air très malin...

Maintenant, examinons la technique du Yes Set... mais dans l'autre sens !

Orienter la personne vers une série de « non » peut être aussi un chemin vers la persuasion...

Le « No Set » : non... mais oui !

Le No Set fonctionne comme le Yes Set : la démarche est la même. Mais au lieu d'amener votre interlocuteur à dire « oui » tout le temps, vous l'engagez plutôt dans un processus de dialogue où le « non » revient systématiquement. Ce n'est pas un « non » qui signale un refus mais plutôt un « non » qui amène à d'autres questions, qui aiguise la curiosité de votre interlocuteur...

Vous allez mieux comprendre à travers cet exemple.

Exemple de « No Set » :

Vendeur (sur un ton jovial) : Bonjour !

Client : Bonjour.

Vendeur : Vous avez fait votre choix ?

Client : Non, je viens justement vous voir pour cela.

Vendeur : Parfait, vous avez vu aux infos le tremblement de terre en Afrique ? (*détournement volontaire du sujet*)

Client : Non.

Vendeur : C'est triste... Vous avez entendu parler de notre dernière offre exclusive ?

Client : Non : laquelle est-ce ?

Vendeur : Il s'agit d'une offre de - 30 % sur toute la gamme. Vous savez que si vous la prenez, je vous offre une carte de fidélité qui permet de passer à - 35 % ?

Client : Non, mais ça me semble très intéressant.

Vous avez vu ? Petit à petit, le vendeur progresse vers l'acte d'achat. Le « non » du client le place en position de faiblesse et de demande. Non, il ne savait pas pour le tremblement de terre. Non, il ne connaissait pas l'offre spéciale. Petit à petit, le client s'ouvre au vendeur qui le bombarde de questions...

On constate ainsi que le non peut aussi être un signe d'acceptation et d'engagement lorsqu'on sait l'orienter dans un but bien précis et prédéterminé. La plupart des vendeurs, les bons vendeurs, savent d'emblée à qui ils ont affaire lorsqu'une personne franchit le seuil de leur magasin. Soit ils possèdent des facilités innées, soit ils ont appris cela via la PNL, la psychologie, etc.

Maintenant que vous connaissez ces techniques, soyez vigilant quand quelqu'un en use avec vous... Sachez les repérer et, le cas échéant, vous en amuser !

Si c'est dans votre intérêt, restez coopératif... Il m'est déjà arrivé de rencontrer un vendeur qui me programmait en Yes Set. Mais comme j'avais besoin de ses explications et que j'avais envie de m'acheter ce nouveau joujou technologique, je l'ai laissé parler...

En revanche, si vous sentez que la personne est malveillante et insistante, n'hésitez pas à retourner sa technique contre lui ! Cela aura pour effet de casser la mécanique, de déstabiliser le vendeur... et vous serez plus à l'aise pour demander une réduction, par exemple !

La technique de la porte dans le nez

Nous avons vu les techniques du pied dans la porte, du Yes Set et du No Set... qui peuvent s'avérer très efficaces.

Voyons maintenant la technique de la porte dans le nez !

C'est comme si l'on cherchait à ce que la personne vous claque d'abord la porte au nez... pour ensuite revenir à la charge plus efficacement.

Concrètement : vous demandez à une personne quelque chose d'exorbitant qu'elle va d'abord refuser... puis faites une demande moins importante que la personne va accepter.

EXEMPLE :

Romain a besoin de 10 euros. Il va voir un ami et lui dit : « Est-ce que tu peux me prêter 50 euros, s'il te plaît ? » (il faut que la demande reste cohérente, Romain n'allait pas demander 1 million d'euros). Son ami lui répond : « Non désolé, j'aimerais bien mais je ne peux pas, c'est beaucoup d'argent. » Romain prend l'air déçu et ajoute : « Tu as raison, est-ce que tu peux me prêter au moins 10 euros, je te les rendrai ? » Son ami lui répond : « Oui, bien sûr. »

C'est ce que l'on appelle « la ligne d'entente entre les deux parties ». La première demande a été refusée et, face à la déception qu'il a infligée à Romain, son ami se sent coupable. Lorsque Romain réitère sa demande revue *à la baisse*, l'ami se sent tenu d'accepter.

En réalité, la technique de la porte dans le nez est universellement utilisée sur les marchés ! Vous l'avez certainement déjà expérimentée dans une brocante ou dans une boutique de souvenirs à l'étranger...

Je vous raconte la scène où c'est *l'acheteur* qui la met en pratique.

Un chineur est au marché aux puces. Il s'arrête sur un stand. Il avise un produit qui lui plaît bien et qui est étiqueté 10 euros. Le chineur dit au vendeur : « Je vous le prends pour 1 euro ! » Évidemment, le vendeur répond : « Non c'est 10 euros, m'sieur. » Le chineur prend alors un air vraiment déçu. Il recompte sa monnaie et dit : « Je vous le prends pour 5 euros alors. » Dans 70 % des cas, le vendeur accepte la proposition... et le chineur repart avec l'objet.

Parfois, c'est l'inverse ! Sur un stand de meubles d'occasion, vous lorgnez un fauteuil. Un vendeur vous alpague et vous dit : « C'est 200 euros, monsieur. » Quand vous vous éloignez, déçu, ce dernier vous rattrape et vous dit : « Allez, parce que c'est vous, je vous fais – 50 % ! » Vous vous direz peut-être qu'à 100 euros, c'est une affaire... En réalité, le fauteuil est estimé par le vendeur à 70 euros.

D'une manière générale, méfiez-vous donc des demandes importantes... suivies d'une demande revue et corrigée à la baisse.

Il s'agit tout bonnement de la technique de la porte dans le nez, bien connue des négociateurs ! Voyons maintenant l'amorçage.

L'amorçage

La technique de l'amorçage est une technique malveillante employée par certaines sociétés de vente. L'idée est d'appâter le client (généralement, avec un cadeau).

Lorsque la personne vient chercher le cadeau promis, celui-ci n'est plus disponible. En revanche, il y a une super offre pour un canapé à 3 000 euros au lieu de 20 000 !

Vous voyez, l'amorçage instaure d'emblée un sentiment positif intense. On rentre en relation avec la cible *par le biais d'un stimulus*... pour ensuite proposer autre chose (un produit à vendre en général).

Malgré l'absence de cadeau, la cible demeure portée par une vague positive. Le cadeau n'est pas au rendez-vous ?

Qu'à cela ne tienne : le vendeur réconforte le client en lui disant qu'à la place, le magasin fera un geste commercial *énorme*, sachant qu'il y a déjà une offre *incroyablement* attractive et qu'il est possible de baisser le prix de ce magnifique canapé « juste pour vous » !

L'amorçage est très courant dans la vente (par correspondance, par Internet, par téléphone notamment) : ne soyez plus dupe, passez votre chemin, ne faites même pas le déplacement ! Cette technique est tout bonnement déloyale.

Le choix illusoire

Voici une autre technique de manipulation qu'il faut savoir repérer... et déjouer ! Il s'agit du choix illusoire, appelé aussi *double bind* en anglais (traduction : double lien, double contrainte.)

La personne qui vous manipule (pourquoi pas à nouveau un vendeur ?) vous propose deux options : elle vous pose une question anodine qui vous laisse apparemment le choix. En réalité, pas du tout ! La question est orientée et va dans le sens du vendeur.

EXEMPLE :

Un vendeur vient de vous convaincre d'acheter un téléviseur dernier cri avec toutes les dernières options et la meilleure qualité d'image disponible sur le marché.

Avant de conclure l'achat, le vendeur vous demande :

« Vous voulez une garantie de trois ou de cinq ans ? »

Cette question ne vous laisse pas le choix : quelle que soit la durée que vous choisirez, vous aurez souscrit une extension de garantie... alors que celle-ci n'était même pas obligatoire !

S'il avait été honnête, le vendeur aurait dû vous dire : « Souhaitez-vous une extension de garantie ? » Dans ce cas, vous auriez eu un vrai choix... et pas un choix illusoire.

Comme vous le voyez, le choix illusoire oriente notre réflexion et nous empêche de prendre suffisamment de recul par rapport à la question de base.

Je vous propose un autre exemple, issu de la vie de couple cette fois.

M. et Mme Durand ont pour habitude de sortir le samedi soir. Mme Durand a très envie d'aller manger dans un restaurant asiatique, mais sait que monsieur n'est pas fan de ce genre de gastronomie. Elle va donc ruser : « Tiens, chéri ! Ce soir, j'ai envie de t'inviter au restaurant, tu préfères manger chinois ou japonais ? » Peu importe la réponse de son mari, ce soir l'Asie sera dans l'assiette !

Enfin, je citerai l'exemple de la mère qui veut faire prendre son bain à son enfant : « Tu prendras ton bain avant ou après manger ? » Choix illusoire ! Qu'il réponde « avant » ou « après » en croyant qu'il a le choix, l'enfant s'engage et accepte implicitement de prendre son bain. Attention : cette technique ne marche que pour des enfants de moins de 6-7 ans... Au-delà, l'enfant capable de raisonnement débusque aisément la manipulation.

La preuve sociale

Voyons maintenant une technique de manipulation particulièrement redoutable. On l'appelle *la preuve sociale*. Pour fonctionner, elle s'appuie sur nos tendances grégaires... vous savez, cette fâcheuse habitude que nous avons à suivre le troupeau et à nous conduire parfois comme des moutons de Panurge ! L'histoire est bien connue : au bord d'une falaise, il y avait un troupeau de moutons ; soudain, l'un des moutons tomba dans la mer. Saisis par leur instinct grégaire, tous les autres moutons se précipitèrent à sa suite dans la mer ! Et tout le troupeau y passa.

La preuve sociale active cette fonction animale qui consiste à « suivre bêtement » le troupeau.

Voici un exemple :

Vous avez certainement déjà remarqué, au cours de vos promenades en ville ou vos déplacements en métro, ces affiches pour des films ou des spectacles ? Il est parfois écrit : « Déjà 2 millions de spectateurs ! » Quelle est votre première impression à la vue de cette affiche ? Ne vous dites-vous pas que s'il y a déjà eu 2 millions de spectateurs, c'est que ce show doit être super ? Vous êtes certainement tenté d'acheter un billet...

La preuve sociale, c'est ça. C'est le conditionnement par la masse : l'envie de faire quelque chose parce que tout le monde le fait. Personne n'aime être en minorité. Certains choisissent consciemment d'être des rebelles... mais au fond, ce que nous souhaitons profondément, c'est ressembler « au troupeau », à la société qui nous entoure. Nous aimons être « normal ». C'est important d'être comme les autres : c'est la garantie de notre bonheur, l'assurance que l'on pourra s'intégrer facilement, trouver un travail, avoir des conversations avec les autres à la machine à café, ne pas être montré du doigt, avoir une vie comme il faut...

Je reviens au spectacle qui connaît un grand succès. Si 2 millions de personnes l'ont déjà vu, bon nombre d'entre nous seront incités à aller le voir. C'est la promesse de pouvoir échanger ensuite avec tous ceux qui ont fait l'expérience avant nous. Personnellement, je trouve ce besoin d'intégration plutôt positif : c'est bien de faire corps avec les autres, avec la société. Ce que je déplore, c'est que ce besoin soit trop souvent exploité par la publicité. J'aurais plutôt envie de dire : « Intégrez-vous, mais faites en sorte que cette intégration vienne de vous, et uniquement de vous. »

À ce sujet, je vais vous raconter une anecdote personnelle. J'ai eu envie un jour de tester la puissance de la preuve sociale. Je venais d'aller voir un très mauvais film au cinéma. En sortant, j'ai rencontré un ami : je ne lui ai pas dit ce que je pensais du film, je lui ai juste raconté l'histoire. Comme prévu, mon ami m'a dit : « Ça n'a pas l'air très intéressant, ce film. » Mais moi : « *Tout le monde va le voir !* » La réponse de mon ami n'a pas tardé : « Dans ce cas, je vais y aller. » Il était directement influencé par le fait que plein de gens se déplaçaient pour ce film... alors même qu'une seconde auparavant, l'histoire ne lui avait pas semblé très intéressante !

Voilà ce que la preuve sociale nous enseigne. Dès que l'on fait intervenir la notion de groupe ou « des autres » dans une conversation, on stimule l'instinct grégaire de notre interlocuteur : on l'incite à se reconnecter à son instinct de mouton, prêt à suivre le groupe...

La manipulation dans le couple

Le couple est aussi un haut lieu de manipulation. Quand deux personnes vivent ensemble, cela crée à terme des situations d'emprise psychologique. L'un des deux partenaires, pour asseoir son pouvoir, a souvent tendance à manipuler l'autre par petites touches... ou avec de grosses ficelles ! Il a aussi tendance à modeler à son image son conjoint. Ceci me fait penser à l'histoire de Pygmalion...

Dans la mythologie grecque, Pygmalion était un sculpteur exerçant son art dans la ville d'Amathonte, antique cité de Chypre. Indigné par les mœurs légères des femmes de la cité, Pygmalion développa une misogynie très importante. Il décida de rester célibataire et vécut seul dans son atelier. Là, il commença à modeler une statue. Il y mit tout son art et tout son génie. Jour après jour, il façonna dans l'ivoire la représentation de l'idée qu'il se faisait de la perfection féminine. Un jour, Aphrodite, la déesse de l'Amour, fut émue par cet engagement. Elle décida donc d'insuffler la vie à cette sculpture inanimée. Dès lors, Pygmalion put vivre une véritable passion avec sa statue, qui prit le nom de Galatée.

D'un point de vue psychologique, ce mythe est riche d'enseignements. Voici ce qu'il nous indique : l'homme cherche à façonner l'être parfait. Il ne recherche pas seulement son idéal chez autrui mais cherche aussi à le créer par lui-même dès lors qu'il a rencontré une personne consentante. Pas étonnant que certains essaient constamment de modifier leur partenaire pour le forger selon leurs désirs : l'homme voudra que sa femme s'habille plus sexy, qu'elle soit plus câline ou au contraire qu'elle soit la plus discrète possible et « n'allume pas » les hommes, qu'elle reste à la maison et soit une parfaite ménagère... La femme, elle, voudra que son homme rentre plus tôt du travail, qu'il cesse de voir ses amis et regarde moins la télé, qu'il soit plus ordonné, qu'il aide au ménage. Tout cela peut paraître anodin, mais on voit bien que le mythe de Pygmalion est déjà à l'œuvre : je veux parler d'une lente manipulation quotidienne pour transformer l'autre.

Bien entendu, quand on est extérieur à un couple, il est plus facile d'observer les manipulations qui s'exercent entre deux personnes. Il suffit d'être invité à dîner chez des gens pour voir comment se répartissent les rapports de force, comment l'un ou l'autre des partenaires impose sa volonté et essaie de manipuler l'autre, comment il l'instrumentalise et cherche à le faire agir selon sa volonté... C'est parfois insidieux mais tellement intéressant à observer ! Cela passe par les mots, les sourires, l'agression, les cajoleries, les reproches ou l'argumentation intellectuelle... le registre est infini !

EXEMPLE TIRÉ DE LA VIE QUOTIDIENNE :

Laissez-moi vous présenter un couple : Marco et Marion, tous deux amoureux depuis plusieurs années. Un jour, prenant son courage à deux mains, Marco demanda Marion en mariage. Marion était émue par la demande de Marco. Mais elle lui dit qu'elle n'accepterait qu'à une seule condition : que Marco arrête de boire. En effet, Marco souffrait depuis plusieurs années d'addiction alcoolique. Son addiction à l'alcool était plus forte que cette promesse d'amour éternelle. Il refusa la proposition de Marion, qu'il considérait comme un chantage. Furieux, il partit boire un verre pour oublier. Outrée, Marion prit ses affaires et quitta sur-le-champ Marco : elle le pensait désormais incapable de changer. Marco avait choisi : entre elle et l'alcool, il venait de choisir l'alcool !

Quelque temps plus tard, Marion rencontra un autre homme avec qui elle passait du bon temps. Cette relation attrista fortement Marco qui décida de reconquérir sa bien-aimée. Pour ce faire, il lui promit d'arrêter de boire par amour pour elle : il ne se voyait pas finir sa vie sans être à ses côtés. Sous le charme, Marion retourna avec Marco et l'épousa.

Plusieurs semaines s'écoulèrent... et Marco se remit boire ! Hélas, cette fois, Marion était mariée. Elle s'était engagée plus avant avec Marco. Quant à Marco, il n'avait plus qu'à rompre sa promesse... et à recommencer sa vie d'avant.

Dans cet exemple, il y a eu *manipulation inconsciente* de la part de Marco : il a manipulé inconsciemment Marion en arrêtant de boire quelques mois... et a obtenu ce qu'il voulait (le retour de Marion auprès de lui !).

La manipulation par la rumeur

Ah, la rumeur ! Un mot à la connotation bien négative... Mais qui se cache derrière la rumeur ? D'où vient-elle ? Par qui est-elle générée ? Comment naissent les fameux on-dit ?

La rumeur peut nous nuire quand nous en sommes victimes. Elle éveille notre intérêt quand quelqu'un d'autre est concerné. Dans tous les cas, il faut s'en méfier. Rumeur n'est pas vérité... c'est même souvent le contraire ! Méfiez-vous donc des bruits qui courent : la seule vérité incontestable concernant la rumeur, c'est qu'elle est un outil de manipulation très efficace.

Remontons maintenant un petit peu en arrière. Vous vous souvenez, quand vous étiez plus jeune ? Nombreuses étaient les rumeurs qui agitaient la cour du lycée et créaient la polémique. Si vous avez déjà été la cible d'une rumeur, vous n'ignorez pas à quel point cela peut être déstabilisant et destructeur.

Je vais à nouveau puiser dans mes anecdotes pour évoquer le pouvoir de la rumeur...

Quand j'étais en première, un bruit de couloir circulait au sujet d'un garçon qu'on disait homosexuel. Cette rumeur fit le tour du lycée : certains la prirent pour argent comptant et réagirent de manière très négative vis-à-vis de ce garçon. D'autres s'interrogèrent, fantasmèrent sur cette réalité supposée... En quelques jours, ce garçon devint le centre de l'attention générale, l'objet de toutes les discussions et bien sûr la cible de toutes les moqueries et incompréhensions. Le mépris et la violence se déchaînèrent chez certains, hélas. Sur la foi d'une simple rumeur prise pour parole d'Évangile, ce garçon fut marginalisé et ses « amis » s'éloignèrent petit à petit.

Comment croyez-vous que réagit ce garçon ? Il tenta de prouver à tout prix qu'il n'était pas homo, qu'il était bel et bien hétéro. Eh bien, c'est tout ce qu'il ne fallait pas faire !

Quand une rumeur surgit nous concernant, nous avons tous envie de démentir. C'est le premier réflexe qui nous vient. Car beaucoup de choses sont en jeu : notre réputation, notre honneur, nos amitiés, nos relations avec notre famille et notre entourage professionnel. Mais attention : le simple fait de vouloir démentir suffit parfois à renforcer la rumeur ! Les gens se diront : « Mais pourquoi cherche-t-il à se justifier ? Je pense qu'il nous cache quelque chose ! Ce qu'on raconte doit être vrai, alors... » Vous voyez : le démenti aboutit à l'effet inverse. Cela revient à mettre du bois dans la cheminée et à alimenter la rumeur qui fonctionne presque comme un bon feuilleton : on observe la victime s'enliser dans le démenti, on grossit la rumeur en la propageant autour de nous, etc. Et si on ne dément pas ? C'est parfois pire ! Les gens vont penser que la rumeur a raison. Qui ne dit mot consent, n'est-ce pas ? Et ne pas réagir, c'est aussi prêter le flanc à la rumeur.

Alors, que faire face à une rumeur ? Existe-t-il un moyen de la combattre ou, au contraire, ne pouvons-nous rien faire pour influer sur les croyances des autres ? Rassurez-vous, la rumeur qui chuchote à l'esprit d'autrui ce que ce dernier veut entendre peut être contrecarrée. Il existe un moyen de l'éradiquer.

Il s'agit de *l'amplification*. Si un jour vous êtes victime d'une rumeur, vous pouvez aussi en jouer ! Rien n'est plus modifiable et volatil qu'une rumeur. Amusez-vous de la situation et exagérez-la. Amplifiez le phénomène en exacerbant au maximum les propos, évoquez la situation à tue-tête, pratiquez l'autodérision. Dans notre exemple, le garçon aurait pu réagir ainsi : « Bien sûr que je suis gay, je sors avec tous vos petits amis, mesdemoiselles ! », « Maintenant que je suis démasqué, je vais pouvoir porter des minijupes ! », etc. Le fait de jouer de la situation et de l'amplifier la décrédibilise. Cela montre aussi que le garçon est très à l'aise avec la rumeur : celle-ci ne l'atteint guère puisqu'il est même prêt à dire que c'est bien pire que ce que les autres imaginent ! Cette réaction découragera les pires comploteurs. La rumeur, pour fonctionner, a besoin d'une victime : de quelqu'un qu'elle met mal à l'aise, pas de quelqu'un qui en joue et s'en amuse.

La manipulation par la croyance

Vous avez pu vous en rendre compte par vous-même : notre vie est un formidable mélange d'influences qui nous guident dans notre chemin de vie. Plusieurs choses peuvent nous influencer : nos expériences, les valeurs et principes auxquels nous tenons, nos expériences, nos réussites ou au contraire nos déboires. Tout est source d'enseignement. Mais *les croyances que nous nous forgeons nous-mêmes* nous manipulent aussi beaucoup...

Imaginons que Stéphane confie à Nicolas : « Je te parie que ce soir, quand je vais rentrer à la maison, ma femme va encore me faire la gueule ! » À coup sûr, la croyance autogénérée de Stéphane va influer sur la suite de son vécu.

Lorsque Stéphane rentre chez lui, il a un air méfiant, voire abattu : réagissant à cela, sa femme lui fait réellement « la gueule ». Stéphane se dit alors : « J'avais raison ! » Mais c'est simplement parce qu'il était tellement persuadé qu'elle allait « faire la gueule » qu'il a *modifié son comportement pour que sa croyance se révèle exacte*. Non seulement il a modifié son comportement, mais *il n'a vu que ce qu'il voulait voir* : peut-être sa femme lui faisait-elle un peu la tête ? Mais peut-être avait elle aussi un joli petit sourire aux coins des lèvres. Dans tous les cas, Stéphane a orienté son regard et n'a vu que ce qu'il voulait voir...

Pour combattre sa croyance, notre ami, au lieu de se fixer sur sa croyance et de déprimer par avance, aurait pu adopter l'attitude contraire, en arborant un sourire radieux : il aurait mieux fait d'embrasser sa femme et, pourquoi pas, de lui acheter un bouquet de roses !

Je vous donne un autre exemple. Vous allez voir comment une idée préconçue (ou une croyance) influe sur notre comportement.

Marie-Claude et Gérard sont collègues dans une entreprise. Ce jour-là, Gérard doit rencontrer un client que Marie-Claude a déjà eu l'occasion de pratiquer. Gérard demande à Marie-Claude comment est ce client qu'il doit rencontrer. Marie-Claude lui répond : « Houla ! Tu verras, cette personne est une vraie de tête de con, elle n'est pas vraiment aimable et elle parle très peu. »

Intéressons-nous au processus psychologique de Gérard : Gérard a reçu une information, il colle une étiquette sur ce client qu'il n'a même pas encore rencontré !

La semaine suivante, lorsque Gérard va à son rendez-vous pour rencontrer le client en question, il adopte un comportement renfermé et peu avenant qui refroidit immédiatement son interlocuteur. Ce dernier se blinde et se protège : à son tour, il se montre réservé et peu avenant envers Gérard (rappelez-vous le principe du miroir et du mimétisme !).

Résultat : Lorsque Gérard rentre au bureau, il a dit à Marie-Claude qu'elle avait raison, que ce client est exactement comme elle l'a décrit, c'est-à-dire pas vraiment bavard, voire antipathique... Avec fierté, Marie-Claude lui fait alors remarquer : « Tu vois, je te l'avais dit : ce mec est une vraie tête de con ! »

Sans le savoir, Gérard a été l'objet d'une manipulation inconsciente. Convaincu de cette croyance, il a reproduit sa croyance *pour créer cette croyance.*

Et la boucle est bouclée...

FORMULE À RETENIR :

– La croyance de « A » à propos de « C » induit une croyance chez « B ».

– Cette croyance provoque un comportement chez « B » (quand « B » rencontre « C ».)

– Ce comportement est reproduit par « C » et confirme la croyance initiale de « A » et de « B ».

Comme vous pouvez le constater, en créant une croyance, nous collons une étiquette sur une personne (le cerveau humain aime l'ordre et créer des catégories). Mais cette étiquette ne résulte que des dires d'une personne à qui nous faisons confiance ! Notre comportement est directement modifié par cette croyance : les informations qui nous parviennent ultérieurement sont filtrées *en fonction* de cette croyance acquise.

Si la croyance ancrée en nous est : « Ce personnage est négatif », toute notre attention va se focaliser sur les aspects négatifs de cette personne. Au final, nous ne retiendrons d'elle que ses aspects négatifs (ce qui corrobore notre croyance, car nous avons besoin d'être rassurés et d'être confirmés dans nos croyances). En la quittant, nous serons persuadés que cette personne est vraiment négative... d'autant que nous n'aurons vu que les mauvais côtés. Vous le voyez, c'est un cercle vicieux !

À ce stade, je vous donnerai donc un petit conseil : ne prenez pas pour argent comptant ce qu'on vous dit d'une personne, essayez de vous faire votre propre idée en oubliant les croyances acquises et véhiculées « par la bande ». Peu importent vos croyances : quand vous rencontrez quelqu'un, dites-vous bien que cette nouvelle personne mérite toute votre attention « positive ». Il s'agit de quelqu'un comme vous, qui a droit à une écoute pleine et entière et mérite d'être reconnu à sa juste valeur.

Une fois que vous connaîtrez mieux la personne, vous serez mieux à même de juger car vous vous serez fait votre opinion. Le jugement sera le fruit de votre propre observation et non de celle des autres.

La manipulation par le conditionnement

On dit parfois que nous sommes « conditionnés ». Nous sommes conditionnés par la publicité à désirer de nouveaux produits. Nous sommes conditionnés à lire nos mails tous les jours depuis qu'Internet est entré dans nos vies. Nous sommes conditionnés à nous reposer le dimanche car c'est un jour consacré au repos depuis des siècles. Mais qu'est-ce que le conditionnement ? C'est une réponse automatique du comportement induite par une « mise en condition ». C'est comme s'il y avait un mécanisme inconscient au fond de nous qui nous poussait à agir d'une certaine façon. S'il y a « mise en condition », il y a certainement manipulation quelque part. Mais où ?

Vous avez peut-être entendu parler du chien de Pavlov et des « réflexes pavloviens » ? C'est l'un des plus anciens modèles de manipulation par le conditionnement.

La théorie behavioriste : le chien de Pavlov

Nous sommes à la toute fin du XIXe siècle. Pavlov, un scientifique russe, travaille sur la mémoire. Il parvient à démontrer que si l'on nourrit un chien (ou n'importe quel animal d'ailleurs) au son d'une certaine sonnerie, on provoque un stimulus qui fait qu'au bout d'un certain temps (temps de conditionnement), le chien déclenche un réflexe de salivation dès qu'il entend la sonnerie... en l'absence même de nourriture !

La théorie est aussi valable si le chien (ou l'animal) reçoit un choc électrique au son d'une certaine sonnerie et pendant un certain nombre de jours. Il lui suffit d'entendre cette même sonnerie pour tressaillir à nouveau, comme s'il ressentait vraiment le choc électrique.

Pour les êtres humains, le procédé fonctionne de la même façon... mais avec des conditionnements beaucoup plus complexes et subtils. Car l'être humain, contrairement à l'animal, dispose d'un esprit.

En quoi la théorie du chien de Pavlov peut-elle être utile à un mentaliste en herbe ? Vous allez voir que ce mécanisme de conditionnement peut trouver de multiples applications dans les manipulations du quotidien.

1er EXEMPLE DE CONDITIONNEMENT : LE CONDITIONNEMENT DANS LA PUBLICITÉ

Les publicitaires adorent manipuler par le conditionnement. Leur objectif est fort simple : créer en vous le besoin d'acheter.

La publicité nous manipule, car elle crée en nous des besoins qui, sans elle, n'existeraient pas. Prenez l'exemple d'une publicité qui vante les mérites d'une automobile. Que fait la publicité pour vous inciter à acheter ? Elle ne lésine pas sur les moyens et vous conditionne autant que possible.

D'abord, on place une fille à moitié dévêtue et aux formes plantureuses à côté de la voiture.

Ensuite, on diffuse des spots publicitaires aux heures de grande écoute, quand le cerveau du téléspectateur est le plus disponible.

Parallèlement, on multiplie les affiches que l'on colle sur tous les lieux de passage ou d'attente (dans les métros, les gares, sur les façades d'immeuble, le bord des routes désertes... Vous ne voyez rien sur plusieurs kilomètres puis vous tombez sur un panneau publicitaire gigantesque !) et ainsi de suite aux quatre coins de la France.

Le processus psychologique suscité est celui-ci : pour conditionner l'esprit humain, on le matraque avec du visuel. Ce visuel répond à une association évidente pour l'inconscient : cette voiture = une belle fille. On joue sur les besoins primordiaux des hommes, sur leurs besoins charnels insatiables (rappelez-vous le cerveau reptilien). De manière inconsciente, l'homme aura l'impression illusoire que posséder cette voiture, c'est comme posséder la femme qui se trouve juste à côté.

Et le tour est joué !

Vous allez me dire que cette manipulation est extrêmement évidente ! Pourtant, elle fonctionne...

Qu'il s'agisse de voitures, de vêtements ou de technologie, il vous appartient de faire la part des choses, d'identifier vos envies et vos vrais besoins : sachez si ces derniers sont les vôtres ou s'ils ont été provoqués artificiellement.

Essayez de limiter le pouvoir « conditionnant » de la publicité. Oui : nous vivons dans une société de consommation et l'achat fait partie de notre quotidien. Mais nous pouvons vivre dans cette société sans la subir.

Vous voulez un autre exemple de conditionnement au quotidien ?

2ᵉ EXEMPLE DE CONDITIONNEMENT : LA RÉPONSE STÉRÉOTYPÉE

Le matin, quand vous croisez quelqu'un dans votre immeuble ou en arrivant au travail, vous lancez souvent automatiquement un : « Bonjour, ça va ? »

La personne vous répond en général : « Très bien, merci. »

Il est très rare que la personne réponde : « Ça ne va pas très bien aujourd'hui »... même si elle a ses petits soucis !

Ce phénomène est facilement explicable. D'abord, en société, nous avons tendance à montrer que « ça va bien » pour que les choses fonctionnent. Nous sommes conditionnés à nous montrer sous un jour positif ! Imaginez que tout le monde commence à se raconter ses petits malheurs de bon matin...

De plus, cette réponse conditionnée permet d'écarter autrui. En effet, si on répond : « Bof ! » ou : « Je me sens pas très bien », cela ouvre une brèche dans la relation à l'autre : l'interlocuteur va alors se sentir obligé de demander pourquoi : « Ah bon ? Qu'est ce qui se passe ? », etc. Même s'il préférerait au fond passer son chemin !

Vous voyez donc à quel point nous sommes conditionnés *par la politesse* : il y a aussi tous les « Bonne journée ! », « Au revoir ! », « Merci ! », « S'il vous plaît ! », etc., sans lesquels la société serait invivable !

3ᵉ EXEMPLE : LE CONDITIONNEMENT LINGUISTIQUE

Imaginons qu'une personne originaire du nord de la France déménage dans le Sud-Est, par exemple à Marseille.

Toute la journée, la personne va discuter avec des Marseillais qui ont un accent particulier. Très vite, la personne va assimiler de manière inconsciente un petit accent marseillais, car son cerveau aura été conditionné pour s'adapter à son nouvel environnement social.

Lorsque cette personne, au bout de quelques mois, retournera dans le Nord, à l'occasion d'une réunion familiale par exemple, les membres de sa famille ne manqueront pas de lui faire remarquer son nouvel accent.

Il en va de même pour le vocabulaire et les expressions utilisés qui sont variables selon les régions. À ce sujet, lorsque j'ai emménagé dans la région bordelaise, je me souviens de la première fois où je me suis rendu à la boulangerie de mon village. J'ai demandé un « pain au chocolat », la boulangère m'a regardé d'un air un peu intrigué puis m'a corrigé avec un certain aplomb : « Vous voulez dire une chocolatine ! » J'ai appris qu'ici, un pain au chocolat se disait chocolatine. Depuis, lorsque je veux un pain au chocolat, je demande une chocolatine. Mon cerveau a été conditionné à utiliser un vocabulaire adéquat pour que je m'adapte à ma nouvelle situation environnementale.

Vous avez bien compris le poids du conditionnement dans nos vies. Les exemples sont très nombreux.

Essayez à votre tour de les débusquer. Vous verrez, le conditionnement est partout.

Laissez-moi maintenant vous proposer une petite expérience, très facile à mettre en œuvre.

PETIT JEU :

Amusez-vous à parler de façon grossière et familière pendant une bonne heure avec un ami (ou encore, répétez plusieurs fois au cours de la conversation les mêmes expressions).

Vous constaterez que la façon de parler de votre ami va petit à petit se modifier : il va, lui aussi, se mettre à parler de façon plus familière qu'à l'accoutumée (ou encore répéter vos expressions favorites).

Il s'agit en réalité d'un *conditionnement purement mimétique* qui se réalise lorsque vous êtes en parfaite synchronisation avec autrui (on retrouve aussi le principe du miroir enseigné plus haut).

Manipuler la mémoire

La mémoire est un terreau, un socle sur lequel on se construit : en elle se déposent toutes nos expériences, nos souvenirs, nos connaissances, nos sensations et même nos rêves passés.

Les manipulateurs savent aussi jouer sur la mémoire. Ils ont un truc pour déstabiliser leur interlocuteur : il leur suffit, en une phrase, d'instiller le doute en inventant ou en retranchant un élément du passé. Ce petit « grain de sable » peut perturber la mémoire de l'interlocuteur qui, du coup, ne sait plus exactement ce qu'il a vécu, si les choses se sont exactement passées comme il le pense...

Nous allons voir en pratique à quoi peut servir cette manipulation.

Exemple :

Vanessa et Ludovic sont ensemble depuis plusieurs années. Un soir, ils invitent des amis à dîner chez eux. Pendant la discussion, Vanessa décide de manipuler Ludovic.

« Ludo, tu te souviens de notre rencontre, quand tu m'as dit que j'avais de petites oreilles ? *(Information complètement fausse.)*

– Hein ? répond Ludovic. Ça ne me dit absolument rien... T'es sûre ?

– Ne me dis pas que tu as oublié ça ! Tu oublies toujours tout et même ces instants magiques et précieux !

– Excuse-moi, répond Ludovic, j'ai vraiment oublié... ça me gêne... Pardonne-moi.

– Non, mais sérieusement tu abuses, pour la peine tu feras la vaisselle pendant une semaine et je te pardonnerai !

– OK... »

En fait, manipuler par la mémoire peut être utile pour culpabiliser l'autre. C'est bien évidemment très utilisé dans les séries policières, quand un juge (ou un avocat) essaie de cuisiner un suspect : « Vous ne vous rappelez pas ce détail ? Alors comment voulez-vous qu'on accorde foi à l'ensemble de votre témoignage ? »

On peut trouver d'autres exemples où le jeu sur la mémoire sert les manipulations. D'où l'intérêt de faire travailler sa mémoire (reportez-vous dans ce cas aux trucs et astuces enseignés précédemment, dans la partie II) !

La manipulation par la négativité

Vous avez certainement déjà rencontré ce type de personne : vous discutez tranquillement avec quelqu'un qui remet en cause tout ce que vous dites. Quoi que vous avanciez, cela ne trouve pas grâce à ses yeux. La personne est comme *un mur de négativité*. Elle démonte tous vos arguments : vous avez beau vous expliquer, vous n'arrivez à rien, vous avez l'impression que votre parole ne porte pas... et vous sortez de là épuisé !

On nomme parfois ce genre de personne « vampire psychique », car son comportement a le don *de vous vider de toute votre énergie* ! Il existe plusieurs profils de vampires psychiques (le narcissique, la victime, le *control freak*...), mais une seule façon de les éviter : fuir dans la mesure du possible et éviter de vous engager dans un dialogue avec eux car, de toute façon, vous en sortirez perdant !

Orientez-vous vers des gens qui vous écoutent réellement et qui ne sont pas là pour démolir vos propos et vous user.

Conclusion sur la manipulation

Vous l'aurez compris, la manipulation fait partie de notre quotidien. D'ailleurs, vous vous êtes peut-être reconnu dans l'une ou l'autre de ces manipulations exposées... soit en tant que victime, soit en tant que manipulateur ?

La manipulation est partout. Elle est nécessaire aux rapports humains. Imaginez que vous vous interdisiez toute manipulation : vous ne pourriez plus inciter vos amis à vous accompagner au ciné ou au sport (par peur de les influencer), vous ne pourriez plus travailler (par peur de manipuler votre client ou vos collègues), etc. La manipulation est indispensable à l'interaction humaine. Dans le meilleur des cas, elle s'articule sur une relation « donnant donnant » qui n'a rien de négatif.

Sentez-vous libre de manipuler (un peu) et de vous faire manipuler du moment que vous pensez que c'est bon pour vous et votre interlocuteur.

La manipulation par la flatterie

Je me dois d'évoquer, avant de conclure cette partie, une manipulation très répandue : *la flatterie*. Vous connaissez tous la fable de La Fontaine, *Le Corbeau et le Renard* :

Maître Corbeau, sur un arbre perché, / Tenait en son bec un fromage. / Maître Renard, par l'odeur alléché, / Lui tint à peu près ce langage : / Et bonjour, Monsieur du Corbeau, / Que vous êtes joli ! / que vous me semblez beau ! / Sans mentir, si votre ramage / Se rapporte à votre plumage, / Vous êtes le Phénix des hôtes de ces bois.

Le renard voulait dire : Corbeau, si tu chantes aussi bien que tu es beau, tu es vraiment extraordinaire ! Flatté, le corbeau ouvrit la bouche pour chanter... et laissa tomber son fromage ! « Tout flatteur vit aux dépens de celui qui l'écoute », telle est la morale de cette histoire.

Aujourd'hui encore, la flatterie gouverne bon nombre de rapports humains. Vous-même, vous avez peut-être déjà connu un flatteur qui vous disait tout le temps : « Tu es formidable », « Tu es génial », « Je trouve que tu es la personne idéale »... En fait, il ne s'agissait pas de compliments... mais de pure flatterie. D'ailleurs, savez-vous faire la différence entre compliment et flatterie ?

Pour différencier les flatteries des compliments, il existe un moyen imparable : *la preuve*. Une flatterie est une complaisance visant à flatter uniquement votre ego. Un compliment s'appuie sur une ou plusieurs preuves.

EXEMPLES DE COMPLIMENTS :

« Je te trouve formidable, *car* tu m'as vraiment aidé la semaine dernière lorsque je n'allais pas bien. »

« Tu es vraiment généreux, *car* tu as aidé Diego lorsqu'il était dans le besoin. »

Vous le voyez, un compliment repose toujours sur un fait. Méfiez-vous donc des mots sortis de leur contexte et qui sonnent faux. La meilleure façon de savoir s'il s'agit d'un compliment, c'est de demander à l'autre la chose suivante : « Sur quoi t'appuies-tu pour me dire cela ? » Si la personne vous répond : « Je ne sais pas, c'est comme ça », vous savez désormais quoi en penser. C'est un vil flatteur ! Ou alors quelqu'un qui est complètement subjugué par vous (ce qui est plus rare).

Oui, la flatterie est très présente... tout particulièrement en entreprise. Les gens aiment être reconnus, valorisés, et la flatterie peut les influencer (on accorde davantage de crédit, de pouvoir ou d'opportunités à quelqu'un qui nous dit tout le temps que l'on est génial). Beaucoup d'employés caressent dans le sens du poil leur supérieur hiérarchique dans l'espoir d'avoir une promotion ou de sublimer leurs relations au travail. Et ça marche !

La manipulation par la culpabilité

On culpabilise pour manipuler, c'est fréquent ! On l'a vu dans le cadre du couple, quand Vanessa manipule Ludovic en lui faisant croire qu'il a oublié un élément important de leur relation.

Mais la culpabilisation est aussi très utilisée en entreprise. Un supérieur confie une tâche à son employé en oubliant volontairement de lui donner une information importante : quand l'employé échoue dans sa tâche (parce qu'il lui manquait cette info), son supérieur a beau jeu de le culpabiliser et, plus tard, de lui refuser une promotion ou une augmentation ! Le monde de l'entreprise se prête particulièrement bien à ce genre de manipulations. C'est pour cela qu'il faut être très vigilant si on veut sauvegarder son autonomie et ne pas être « abîmé », voire poussé au suicide ! L'actualité nous en a donné suffisamment d'exemples ces derniers temps.

Ne pensez pas pour autant que tout est manipulation ! Je voulais simplement que vous ayez conscience d'un certain nombre de techniques, afin que vous puissiez vous prémunir contre elles si on en use contre vous… Libre à vous ensuite d'en faire ce que vous voulez.

N'oubliez jamais qu'un mentaliste œuvre toujours positivement. La manipulation n'empêche pas la sincérité. Allez vers l'autre avec bienveillance et curiosité. Et tout ira bien !

Devenir un observateur aguerri

Je vous l'ai dit : le mentaliste est un observateur, de lui-même comme des autres. L'observation compte énormément dans les pratiques de PNL (observation du langage non verbal, observation des tournures de phrase, etc.). L'autohypnose elle-même est observation… de soi-même, en profondeur !

Le monde doit être observé par le mentaliste : c'est une source d'émerveillement permanente. Mais être observateur ne signifie pas forcément être contemplatif et passif : le mentaliste *observe pour agir*. Le mentaliste cherche à avoir une influence sur le déroulement des choses, sur son environnement et d'abord sur lui-même.

Avant de devenir un vrai mentaliste, féru des techniques d'hypnose et de PNL, vous devez donc vous poser la question suivante :

« Est-ce que j'observe suffisamment ? »

Parfois, le mentaliste procède comme un scientifique. Avant de tirer des leçons du réel, il doit l'observer. L'observation précède l'analyse… puis l'action !

Alors, ouvrez grands vos yeux et vos oreilles…

Voici deux exercices pour développer votre pouvoir d'observation et d'analyse.

Exercice 1 :

Lorsque vous vous baladez en ville, prenez l'habitude d'observer les gens au loin qui discutent entre eux et *amusez-vous à deviner de quoi ils parlent*.

Regardez leurs lèvres pour essayer de comprendre certains mots.

En fonction de leurs gestes, de leur attitude, de l'énergie qui se dégage de leur dialogue, amusez-vous à deviner si la conversation est positive ou négative.

Notez comment est leur regard, leur ton de voix, observez les postures (ouvertes ? fermées ?).

Tout cela vous servira pour plus tard... cela enrichit votre expérience de mentaliste.

EXERCICE 2 :

Travaillez à partir de photos.

Rendez-vous chez l'un de vos amis et demandez-lui de vous montrer son album photo (ou les photos qu'il a conservées dans son ordinateur).

Sur ces photos, observez des personnes que *vous ne connaissez pas* (évidemment, ne travaillez pas à partir des gens que vous connaissez, car ce serait trop facile !).

Observez attentivement *les expressions* des visages, *les postures* et interprétez ce que vous voyez.

Est-ce que cette personne a l'air triste ? heureuse ? Est-ce qu'elle a l'air sincère ? préoccupée ? ailleurs ? antipathique ?

Pourquoi ?

Ensuite, émettez des hypothèses sur les rapports qu'entretiennent les personnages (liens de parenté par exemple, mais aussi harmonie à l'intérieur d'un groupe).

Prenez une photo de famille ou de vacances, sur laquelle il y a plusieurs personnes que vous ne connaissez pas.

Essayez de déterminer les liens de parenté (entre parents, frères, belles-sœurs, cousins) et de « non-parenté » (dans une photo de famille, repérez les « pièces rapportées », les personnes qui ne font pas partie de la fratrie, les compagnes ou les compagnons, ceux qui se trouvaient là par hasard).

Dans un groupe d'amis, essayez de déterminer les affinités, les histoires passées, les relations d'attraction, essayez de déterminer qui est le leader dans le groupe ou au contraire qui est le plus effacé, etc.

Racontez-vous une histoire *à partir de ce que vous voyez*. Puis faites une vérification auprès de votre ami.

Cet exercice va développer votre mentalisme : il faut régulièrement le pratiquer pour avoir un succès exponentiel.

Faire du bien aux autres

Dans ce livre, nous avons appris à nous faire du bien à nous-mêmes (avoir davantage confiance en soi, gérer ses peurs, son stress, ses phobies, son sommeil...).

Nous avons vu aussi qu'en développant notre sens de l'observation, nous pouvions pratiquer une *meilleure interaction* avec autrui (s'exprimer de manière plus positive, conseiller l'autre en adoptant une position basse bienveillante, produire un feedback qui fasse vraiment progresser la personne à qui on parle...).

Allons encore plus loin afin que votre mentalisme soit véritablement bénéfique à autrui.

Mais avant, voici un petit conseil...

« Pas de demande » = « Pas de problème »

Quand un proche ne va pas bien, on a souvent envie d'aller vers lui et de lui demander ce qui ne va pas.

Vous vous êtes certainement déjà impliqué quand vous voyez un ami triste, ou un autre qui a tendance à boire trop, ou quand votre petit frère ne travaille pas bien à l'école... Vous avez envie *d'intervenir*.

Ne le faites plus.

Si votre proche ne vous demande rien, n'agissez pas.

Bien sûr, ce n'est pas évident : vous pouvez légitimement vous dire que même si la personne ne vous demande rien, tout son comportement n'est qu'un immense appel à l'aide !

Cela peut paraître compliqué mais je vous conseille vraiment de patienter avant d'agir : sachez attendre qu'une véritable demande surgisse ou que la personne soit véritablement en danger (consommation d'alcool beaucoup trop importante, envies suicidaires, etc.). Dans ce cas-là, agissez ! En revanche, dans la plupart des cas, essayez de vous retenir pour respecter le libre arbitre de l'autre. La personne a peut-être besoin, à un moment, de passer par un état limite ou négatif pour progresser. À quoi cela servirait-il de sermonner votre petit frère qui ne rapporte que des mauvaises notes ? C'est peut-être transitoire. Votre meilleur ami est triste... mais savoir que vous êtes là le rassure. Ne dites rien, ne l'influencez pas, essayez de ne pas vous immiscer dans son intimité. Cela ne pourrait que retarder le processus de guérison ou d'évolution qui, bien souvent, est déjà à l'œuvre.

Vous l'avez compris : il est essentiel que la démarche de changement provienne de la personne elle-même et qu'elle ne soit pas à l'initiative d'un tiers. La résolution du problème n'en sera que plus efficace !

Si vous avez vraiment besoin d'intervenir, dites simplement : « Si tu veux qu'on en parle, je suis là. » C'est déjà bien. N'ajoutez rien de plus : la personne saura alors qu'elle peut compter sur vous. Quand elle sera prête, elle viendra d'elle-même trouver un soutien de poids auprès de vous.

Surtout : n'insistez pas. Rien ne sert de lui répéter plusieurs fois qu'elle peut vous parler, ou qu'elle doit faire ceci ou cela pour aller mieux... La personne entend. Il ne sert à rien de la forcer à se confier ou à agir : elle sait très bien à quoi s'en tenir.

Plus tard, si un ami ou un membre de votre famille vous reproche de n'être pas allé vers lui quand il allait mal, dites-lui simplement que vous ne saviez pas qu'il était dans la demande et que vous ne vouliez pas vous imposer... Il comprendra et devrait même saluer votre discrétion !

Et quand il y a demande ? Que faire ?

Imaginons qu'une personne vous demande de l'aide. Ce n'est pas vous qui allez régler son problème, vous n'allez pas pouvoir l'endosser. C'est à cette personne et à elle seule de s'en sortir. Dites-lui donc que vous allez *l'aider à trouver les ressources en elle* pour qu'elle trouve ses propres solutions.

Ne soyez pas trop direct en affirmant : « Moi, à ta place je ferais... » ou : « Je te conseille de... » Ce genre de phrases, même bien attentionnées et louables, ne sont que *le reflet de votre vie* : vous n'êtes pas à la place de l'autre et ne le serez jamais.

Pensez-y : pratiquez la position basse, la synchronisation (comme je vous l'ai enseigné plus haut) et votre attitude s'avéreront constructives. Tout ce que vous ferez, c'est écouter et questionner la personne pour la guider « en douceur » vers une prise de conscience et la découverte éventuelle de solutions.

Ne dictez à aucun moment à l'autre la démarche qu'il doit suivre pour faire face à son problème.

En fait, voici les trois situations possibles :

SITUATION 1 :

Si dans les réponses qu'elle vous donne, vous constatez *une réelle souffrance émotionnelle*, conseillez à la personne de *consulter un thérapeute*. La véritable souffrance nécessite toujours une thérapie. Ne vous improvisez pas thérapeute, ce serait déplacé : ne « jouez pas au psy », vous n'êtes qu'un ami, un frère, un proche, un collègue... qui peut écouter, soutenir, aider mais en aucun cas s'improviser thérapeute. Laissez donc les gens compétents prendre le relais.

SITUATION 2 :

Si la réponse révèle *un manque* (de confiance en soi, d'autodiscipline...) qui ne demande qu'à être comblé ou amélioré, conseillez un *coach de vie* qui pourra aider la personne à révéler ses potentialités.

Être mentaliste de la vie quotidienne (ou coach de vie) demande des qualifications particulières en thérapie brève et en coaching : si vous n'avez aucune qualité pour exercer ces rôles-là, soyez juste de bon conseil et invitez la personne à consulter.

SITUATION 3 :

Si vous sentez que la personne n'a besoin pour l'instant que *d'une écoute bienveillante,* d'une épaule sur laquelle s'appuyer... jouez ce rôle d'ami et de confident. Vous serez là pour l'autre sans pour autant vous substituer à un professionnel capable de guider la personne dans une démarche d'évolution. Elle vous en sera d'autant plus reconnaissante.

Conclusion

Comme vous l'avez compris, le mentalisme tel que je le pratique est orienté vers l'humanisme. Je fais partie de ceux qui pensent que les êtres humains sont reliés par des connexions invisibles.

Les énergies circulent et sont ressenties par les êtres. Des flux d'informations et de pensées parcourent la terre entière, dont certaines personnes parviennent à prendre conscience. Car le vivant n'est pas une matière solide inerte : il est composé *d'énergie et d'information* ; c'est une vibration qui connecte toutes les consciences humaines, animales et végétales. Pour Jung, nous sommes reliés les uns aux autres par l'inconscient collectif. Pour un philosophe comme Ervin Lazlo, il existe au niveau « subatomique » une énergie qui relie tous les êtres vivants. C'est là un véritable renversement de perspective : nous ne sommes plus « possesseurs et maîtres » de la nature, nous ne sommes plus « au-dessus » du vivant mais bien un élément du tout, du plus petit élément, un insecte ou une bactérie par exemple, jusqu'au phénomène terrestre le plus impressionnant, comme une éruption ou un changement climatique !

Au fond de nous, je crois que nous avons tous conscience de notre interdépendance sur cette Terre. Compte tenu de l'émergence de la pensée écologique et des crises alimentaires et démographiques qui s'annoncent, nous savons que notre action engage le futur de tous.

Au niveau interpersonnel, c'est la même chose. Nous sommes les créateurs de notre réalité : notre attitude détermine celle des autres envers nous. Si vous voulez que les autres vous détestent, soyez détestable. À l'inverse, si vous voulez que les gens vous aiment, aimez-les !

C'est ce que vous êtes qui va changer le regard des autres. Beaucoup d'individus aimeraient que les gens changent sans qu'eux-mêmes ne bougent le petit doigt. C'est évidemment l'inverse qui convient : il faut évoluer, travailler son comportement pour que les autres changent et soient le mieux disposé du monde à votre égard. De même, pour que le monde change, il faut agir à son niveau personnel pour que la réalité globale se modifie dans le bon sens.

Gandhi en est un exemple parfait. Il a énormément travaillé sur lui-même. Et c'est parce qu'il cultivait un idéal de vérité et de simplicité qu'il a eu un tel poids politique. En menant une vie exemplaire, il a réussi à changer le monde...

S'émerveiller de la beauté du monde

Pourquoi la planète Terre, créée lors du « big bang », a-t-elle été la seule de notre système solaire à avoir tous les éléments parfaitement équilibrés pour y accueillir la vie ? Et pourquoi un astéroïde chargé de matières organiques a-t-il pris la direction de la planète bleue pour être la cause de la création de la vie sur Terre ?

Peu importe que vous soyez croyant ou matérialiste, les faits sont là : la vie sur Terre est une équation parfaitement équilibrée. La vie, notre vie, est une création parfaite qu'il est essentiel de prendre en compte et de respecter. Nous avons une chance incroyable : il faut vivre la vie chaque jour comme une opportunité immense qui nous est offerte.

Nombreux sont ceux dont la philosophie de vie est celle-là : « Je vis chaque jour comme si c'était le dernier. » Ce parti pris hédoniste est, en réalité, empreint de pessimisme et de tristesse. Fatalement, le dernier jour de notre vie n'est pas le plus heureux !

La philosophie de vie que je défends est celle-là : « Je vis ma vie *comme si c'était le premier jour.* » C'est un système de pensée enrichissant. Se réveiller chaque matin avec l'intention de prendre la vie comme un début, c'est être chaque fois émerveillé par les richesses de notre planète. Comme au premier jour. C'est voir le monde à travers la curiosité du nouveau-né. Je vous conseille donc d'envisager la vie comme une curiosité, d'être attentif aux beautés qui nous entourent, qu'elles soient naturelles, culturelles ou architecturales par exemple. Chaque personne que vous croisez est le fruit de cet équilibre parfait animé par un cœur insufflant l'énergie de la merveilleuse vitalité. Même si les médias et l'inconscient collectif sont contaminés par le pessimisme ambiant de l'époque, le fait d'ouvrir les yeux sur la beauté du monde est primordial pour s'entourer de ce qui fait du bien. La joie et le bonheur d'être tout simplement « ici et maintenant » se cultivent. Chaque jour, en vous éveillant, voyez le monde à travers les yeux d'un enfant, un regard empreint d'émerveillement, de curiosité et d'innocence. Ces qualités, que tout apprenti mentaliste cherche à développer, vous guideront assurément vers un réel bonheur.

Annexe : déontologie du mentaliste humaniste

Je conclurai en vous proposant sept règles de vie. Ce sont les règles de vie du mentaliste humaniste. Elles représentent une véritable philosophie de vie.

La bienveillance

Être bienveillant est ce qui caractérise le mentalisme humaniste d'une personne lambda. Vous devez vous servir des techniques de bases apprises dans cet ouvrage uniquement pour faire le bien autour de vous. Utiliser les techniques de cet ouvrage à des fins malhonnêtes ne ferait pas de vous un mentaliste mais un escroc.

L'écoute (des autres et de vous-même)

Vous devez être une oreille attentive pour votre entourage et inspirer confiance. Vous devez par la même occasion être à l'écoute de votre être. Ne refoulez pas le dialogue interne qui vit en vous. Prenez du recul sur vos pensées en vous demandant : « Pourquoi est-ce que je pense à ça ? » Soyez votre meilleur ami.

L'amour de la vie

Un mentaliste humaniste aime la vie et s'intéresse à plusieurs choses et pas seulement aux sciences de l'homme. Il est curieux de tout et aime apprendre chaque jour de nouvelles choses. Soyez en expansion, devenez un récepteur d'ondes positives et de cet amour qui vous entoure chaque instant.

L'AMÉLIORATION

Le mentaliste humaniste cherche à s'améliorer et ne considère jamais les choses comme acquises définitivement. Il se remet souvent en question et vise l'amélioration de son comportement verbal et non verbal ainsi que le bonheur de son environnement.

HUMILITÉ ET TRANSPARENCE

Un mentaliste humaniste reste toujours humble et ne se sent jamais supérieur aux autres car il sait qu'il ne l'est pas. Il ne force jamais les autres à croire ou à être différent.

L'ŒIL D'AIGLE

Le mentaliste humaniste doit toujours garder un œil observateur qui devient précis et subtil à force de pratique. Au bout d'un moment, l'automatisme apparaît, mais il faut toujours rester observateur. Pas d'interprétation, seulement du constat.

CHERCHEUR / TESTEUR

Un mentaliste humaniste cherche toujours de nouvelles techniques pour exploiter ses capacités psy. Il se documente ou met en place des théories qu'il pratique par la suite afin de les confirmer ou de les réfuter.

Bibliographie

ABITOL, Jean, *L'Odyssée de la voix*, Robert Laffont, 2004.

BANDLER, Richard, *Un cerveau pour changer*, Pocket, 2008.

BANDLER, Richard, et GRINDER, John, *Les Secrets de la communication*, J'ai lu, 2011.

BANDLER, Richard, et GRINDER, John, *Transe-formations : programmation neuro-linguistique et techniques d'hypnose ericksonienne*, Dunod, 1998.

BANDLER, Richard, et GRINDER, John, *Le Recadrage*, Dunod, 2005.

BEATTIE, Melody, *Savoir lâcher prise*, J'ai lu, 2010.

CHOPRA, Deepak, *Le Livre des coïncidences*, J'ai lu, 2010.

CHOPRA, Deepak, *Le Corps quantique*, J'ai lu, 2010.

COVEY, Stephen, *Priorité aux priorités*, J'ai lu, 2010.

D'ANGELI, Patricia, *Psychothérapie : guérir vos blessures intérieures*, IFHE, 2010.

DILTS, Robert, *Changer les systèmes de croyances avec la PNL*, Dunod, 2006.

EKMAN, Paul, *Je sais que vous mentez*, J'ai lu, 2011.

ERICKSON, Milton, ROSSI Ernest L. et Sheila L., *Traité pratique de l'hypnose*, Jacques Grancher, 2006.

FREUD, Sigmund, *Psychopathologie de la vie quotidienne*, Payot, 2004.

GOLEMAN, Daniel, *L'Intelligence émotionnelle*, J'ai lu, 2003.

HALEY, Jay, *Un thérapeute hors du commun : Milton H. Erickson*, Desclée de Brouwer, 2007.

KRISTEN, Maud, *Développez votre sixième sens*, J'ai lu, 2011.

LOCKERT, Olivier, *Hypnose : évolution humaine, qualité de vie, santé*, IFHE, 2008.

ROBBINS, Anthony, *Pouvoir illimité*, J'ai lu, 2008.
ROSEN, Sidney, *Ma voix t'accompagnera : Milton Erickson raconte*, Hommes et groupes, 1998.
SALOME, Jacques, et GALLAND, Sylvie, Si *je m'écoutais... je m'entendrais*, Éditions de L'Homme, 2003.
TARDY, Anne, *10 minutes pour bien dormir*, Marabout, 2010.
TOLLE, Eckhart, *Le Pouvoir du moment présent*, J'ai lu, 2010.
TURCHET, Philippe, *La Synergologie*, Éditions de l'Homme, 2004.
VINCENT-JOULE, Robert, et BEAUVOIS, Jean-Léon, *Petit Traité de manipulation à l'usage des honnêtes gens*, Presses universitaires de Grenoble, 2004.

Remerciements

Je tiens à remercier particulièrement mon ami Alexis Houvin qui m'a aidé à mettre en forme de façon ingénieuse et précieuse cet ouvrage que nous considérons lui et moi comme un bébé. Alexis a su retranscrire avec précision ce que j'avais en tête. Merci infiniment.

Je remercie Olivier Lockert, président de l'IFHE (Institut français d'hypnose ericksonienne) ; Ahmed Djouder, mon éditeur ; Julien Thèves, pour ses contributions de qualité à la version finale du manuscrit ; ainsi que toutes les personnes ayant contribué à la réalisation de ce livre.

Je remercie aussi les éditions J'ai lu et le groupe Flammarion pour leur confiance et leur professionnalisme.

À propos de l'auteur

Diplômé en PNL, hypnose, langage non verbal et coaching, Bastien Bricout est mentaliste. Sa passion : sonder l'inconscient humain grâce aux techniques mentales et aider les autres à développer leurs potentiels. Il pratique et enseigne un mentalisme humaniste basé sur la bienveillance, l'écoute et l'ouverture au monde. Il vit et exerce en tant qu'hypnothérapeute à Bordeaux.

Pour aller plus loin

Pour progresser dans l'art du mentalisme, je vous invite à consulter mon site internet : www.mentalactif.com

Vous pouvez également me contacter à l'adresse suivante : bastien@devenezmentaliste.fr

Que vos capacités continuent à se développer tout au long de votre vie...

Composition NORD COMPO
Achevé d'imprimer en Espagne
par BLACK PRINT CPI (Barcelone)
le 5 septembre 2011
Dépôt légal septembre 2011.
EAN 9782290034583

Éditions J'ai lu
87, quai Panhard-et-Levassor, 75013 Paris

Diffusion France et étranger : Flammarion